AF269548

Inés Basterra
AUTORA DEL EXITOSO BLOG "HOY COMEMOS SANO"
COME RICO,
COME SANO
2ª EDICIÓN
TRUCOS Y RECETAS SABROSAS, SALUDABLES Y MUY ACCESIBLES

Cocina, dietética y nutrición • Editorial Arcopress
Directora editorial: Isabel Blasco
Diseño y maquetación: Teresa Sánchez-Ocaña
Fotografías: Inés Basterra
Fotografía de cubierta y retratos de la autora: Javier Gavill
www.javiergavill.com @*@javier_gavill*

Imprime: Gráficas La Paz
ISBN: 978-84-17057-78-7
Depósito Legal: CO-370-2019
Hecho e impreso en España - *Made and printed in Spain*

Quiero dedicar este libro a todos
los que me hacéis sonreír.
Da igual que estéis más o menos cerca, o que
nos conozcamos mucho o poco. Que seáis
mi familia, amigos, compañeros, seguidores o
cualquiera con el que
me cruzo en el día a día.
Porque creo en el valor y el poder de una
sonrisa sobre todas las cosas.

Y también quiero dedicármelo a mí misma
por haber conseguido publicar un libro.
¡Que esto no ocurre todos los días!

Índice

¡Hola chicos!

Me llamo Inés y soy la autora del blog **www.hoycomemossano.com**. Algunos me conoceréis a través de él o de las redes sociales, sobre todo en Instagram, donde desde mi cuenta @hoycomemossano comparto, día a día, recetas y parte de mi vida con todos vosotros.

Hace cuatro años creé mi blog *Hoy comemos sano* como parte del proyecto final de un máster. Lejos estaba en ese momento de imaginarme que acabaría convirtiéndose en mi forma de vida y, mucho menos, que ahora mismo me encontraría sentada delante de un ordenador escribiendo lo que es mi primer libro de recetas. ¡Wow!

De mí os cuento que soy de Bilbao aunque vivo en el sur, y que vengo de una familia cocinitas. Mi abuela era medio francesa y tenía una mano de oro en la cocina y mi padre, como buen vasco, es un cocinero de paladar exquisito. Así que como no podía ser de otra manera, heredé el gusto y la afición por los fogones desde bien pequeña. A ellos debo y agradezco el haberme educado el paladar. Algo clave para lograr la máxima sensación y disfrute en un plato, para diferenciar cuándo algo está simplemente bueno o está *¡para chuparse los dedos!*

Mi primer recuerdo en la cocina es con mi abuela. Debía de tener 4 o 5 años, ella me ponía una montañita de harina con agua junto a la suya para que amasara, igual que hacía ella. Fui creciendo rodeada de guisos, olores y sabores. Probando todo tipo de ingredientes y productos, porque si algo era obligatorio en casa, era probar de todo lo que hubiera en la mesa, «aunque fuese un poquito».

Estudié la carrera fuera, ¡os podéis imaginar cómo es la nevera de un piso de estudiantes! Acostumbrada a comer tan rico en casa, tuve que agudizar el ingenio. Fue ahí cuando empezó mi interés por la alimentación saludable. Empecé a hacer versiones de los platos que se hacían en casa, pero eliminando harinas, grasas y azúcares innecesarios, y eligiendo productos más naturales.

Poco a poco fui definiendo mi propio estilo y gusto a la hora de cocinar. Así, empecé a especializarme en un tipo de cocina saludable. Me formé con varios cursos de cocina y de nutrición, pero, sobre todo, investigué, cociné y cociné.

Hoy puedo decir que he descubierto un mundo fascinante, lleno de ingredientes, sabores y recetas deliciosas que quiero compartir con todos vosotros, para que os hagan disfrutar de la comida saludable como nunca.

Antes de empezar, quiero darte las gracias desde aquí por haber comprado este libro; espero de verdad que te ayude a organizarte en tu día a día. Sobre todo, espero que te haga disfrutar. Y quiero daros las gracias a todos los que me seguís día a día a través de mi blog y redes sociales. Todos vosotros sois los maravillosos culpables de que yo esté viviendo este sueño. Gracias de corazón.

Os espero en mi blog **www.hoycomemossano.com** y en mis redes sociales:

⊙ **@hoycomemossano**
f **Hoy comemos sano**
▶ **hoycomemossano**
𝓟 **hoy comemos sano**

Estaré encantada y orgullosa de ver vuestras versiones de las recetas que incluye este libro. ¡No dudéis en etiquetarme en vuestras fotos en cualquiera de las redes para que pueda verlas!

#librohoycomemossano

Introducción

¡Come rico, Come sano!, así se llama este libro y eso es lo que vamos a hacer. Porque esto es posible: existe la manera de comer saludable y que a su vez haga las delicias de nuestro paladar. Así que, si este libro está entre tus manos, ¡despídete! Di adiós a la triste pechuga de pollo a la plancha, a las sosas ensaladas de lechuga, a la verdura cocida sin más, a pasar hambre, a no darte caprichos y a la comida cero motivadora. Y cuando lo hayas hecho, ¡di hola a un mundo lleno de colores, sabores y nuevas sensaciones!

Vamos a comer sano, a comer rico y a organizarnos en la cocina para que todo resulte muy sencillo y natural. Mi intención con este libro es ayudar a que tú y toda tu familia llevéis una alimentación saludable sin complicaciones. Voy a darte trucos para organizarte, ideas, recetas y mil combinaciones para que de una vez por todas puedas decir: ¡Por fin! ¡Ahora sí que lo veo posible!

Sé que ahora mismo los conceptos *healthy, green, veggie, saludable* son la última moda y que estamos bombardeados con mucha información. Unos que dicen una cosa y otros la contraria, ingredientes nuevos que nos suenan a chino, alimentos que parecen tener superpoderes y otros que están demonizados, *superfoods*... y no sé cuantas cosas más que lo único que consiguen es que tengamos un batiburrillo en la cabeza que no hay quien se aclare. Dejémonos de tanto lío, tanta historia y tanta corriente que ahora se pone de moda y vamos a aterrizar un poco las cosas.

Comer sano, cambiar un poco la manera de alimentarse, no significa que tengas que privarte de nada ni que necesites comer alimentos «siderales»; simplemente tendrás que cambiar algunas cosas y reorganizar otras para lograrlo y lo bueno es que vas a disfrutar haciéndolo.

Cualquier cambio que quieras hacer en tu vida, por muy pequeño que sea, va a requerir que hagas algún movimiento. Por ejemplo, si de repente te da porque quieres vestirte de negro de arriba a abajo, tendrás que asegurarte de que en tu armario tienes prendas de color negro. No puedes vestirte de negro si solo tienes ropa de color blanco en el armario.

Pues esto es lo mismo: si quieres llevar una alimentación saludable y deliciosa, tendrás que tener los ingredientes adecuados en la despensa. No puedes pretender llevar una alimentación saludable si no tienes los básicos. Así que vamos a empezar por ahí.

Lo siguiente que haremos será organizarnos. La organización nos va a ayudar a que todo nos resulte muy fácil. Imagínate qué maravilla tener las comidas y cenas de toda la semana decididas y preparadas con antelación. Esto es lo que ahora está tan de moda y se llama batch cooking o meal-prep.

Y, por último, necesitamos hacernos con recetas muy ricas y buenas ideas que nos hagan disfrutar como locos comiendo todos los días.

Y ya está. Esto es todo. ¿Has visto qué fácil? Con solo estas tres ideas puedes hacerlo. Vas a ser capaz de llevar una alimentación saludable, así de fácil y sin volverte loco.

Resumiendo, estas son LAS CLAVES de la alimentación saludable:

1. **Tener los imprescindibles en la despensa:** revisión y lista de la compra.

2. **Organización semanal de comidas y cenas:** el ahora famoso batch cooking o meal-prep.

3. **¡Tener un montón de ideas y recetas ricas!**

Tacos caseros de pollo marinado.

Página 132

La despensa

Este el armario con el que vas a «vestir» tus platos. Es importante que tengas un buen fondo con todos los básicos para que al combinarlos entre ellos, te salgan riquísimas recetas de lo más estilosas. Vamos a verla en profundidad, a hacer limpieza y una lista completa.

#despensaHCS

No me digas que no te ha pasado alguna vez que ves una receta de un plato saludable, ya sea dulce o salado, y te mueres de ganas de hacerlo, pero según vas leyendo los ingredientes te vas desinflando porque ves «cosas raras» para ti: dátiles, mantequilla de frutos secos, semillas de chía, tahini, cúrcuma, mijo, bulgur... Y podría enumerar un sinfín de ellos. Al final, ves la foto muy bonita, pero piensas que eso no es para ti.

Pues esto es lo que no te va a volver a pasar.

Tranquilidad, todo es mucho más fácil de lo que parece. La chía, la quinoa, el té matcha, el jengibre, la harina de espelta, el aceite de coco... Todos son ingredientes raros hasta que dejan de serlo. Yo te voy a explicar cuáles son mis imprescindibles, dónde comprarlos y cómo usarlos. Te animo a que vayas probando cosas nuevas y luego decidas, porque **todo es extraño hasta que deja de serlo**. El primer día lo compras como algo extraordinario, lo llevas a casa, lo cocinas y lo pruebas. Si te gusta, lo sigues usando y lo incorporas a tu vida. Muy pronto se convertirá en uno más de la familia, será como cualquier ingrediente corriente que tengas en casa. Y si no te gusta o no te convence, pues no repites y ya está. Se acabó el problema.

La mayoría de mis recetas son muy normales, con ingredientes conocidos de toda la vida, pero sí he ido incorporando cosas nuevas que me han gustado a lo largo de estos años y que ya forman parte de mi vida normal.

Mi consejo es que pruebes cosas nuevas por el placer de descubrir sabores y platos que te hagan disfrutar, pero siempre teniendo en cuenta que **lo que importa en una dieta saludable no es incorporar alimentos siderales con superpoderes, sino evitar los malos, los ultraprocesados que nos invaden por todas partes.**

Los ultraprocesados no son alimentos, sino productos llenos de aditivos que nos venden en los supermercados y con los que nos bombardean en campañas de publicidad todos los días. Compra alimentos de verdad: frutas, verduras, legumbres, cereales, pescados, carne sin procesar, leche, huevos, aceite de oliva.... Y luego, ¡dale rienda suelta a la creatividad y crea platos deliciosos!

LOS IMPRESCINDIBLES EN MI DESPENSA

Esta es la lista completa de los ingredientes que frecuentan mi casa y mis comidas. No quiere decir que tenga todos al mismo tiempo, algunas veces compro unos u otros, pero siempre de los que están en esta lista.

He incluido una descripción aparte de los alimentos que creo que pueden ser más novedosos. En ella te indico también donde los puedes encontrar, si son nuevos para ti y quieres probarlos.

¡Vamos allá con la revisión de la despensa
y la lista de la compra!

💙 CEREALES

La pasta y el arroz siempre (o casi siempre) los compro integrales porque mantienen sus nutrientes y son más saludables. En este mundo de los cereales es donde más cosas nuevas he conocido e incorporado a mi vida, ¡fíjate qué variedad de cereales hay! Y eso que esta es una pequeña muestra:

— Pasta integral (espaguetis, macarrones, fideos…)
— Arroz integral y blanco (redondo, largo, jazmín, basmati…)
— Quinoa*
— Mijo*
— Couscous*
— Bulgur*
— Trigo sarraceno*
— Avena*
— Harina integral de espelta*

***La quinoa, ¡tan versátil!: uno de mis favoritos:** no es un cereal sino una semilla –un pseudocereal– y es el único alimento vegetal que posee todos los aminoácidos esenciales, oligoelementos y vitaminas. Es una fuente natural de proteínas, no contiene gluten y es de fácil digestión. Antes de cocinarla hay que lavarla con agua fría para eliminar las saponinas, que impiden la absorción de sus nutrientes. Después, solo hay que cocerla durante 15 minutos y escurrir. Sabrás que está hecha porque su color se vuelve entre blanco y transparente y porque se habrá soltado el germen espiral (lo reconocerás cuando lo veas).

Es muy versátil, con ella podemos hacer platos tanto dulces como salados y comerla en frío o en caliente. En sopas, ensaladas, acompañada de verduras, en guisos, para hacerte un *porridge* de desayuno, para hacer bizcochos e incluso masa para pizza. ¡Se ha convertido en un básico en mi vida!

<u>Dónde comprarla:</u> hoy en día la quinoa es muy fácil de encontrar. La verás en casi cualquier supermercado y, por supuesto, también en tiendas «eco».

***El mijo:** es un cereal redondo y pequeño de alto contenido proteico. No contiene gluten, por lo que se digiere muy bien. Hay que hervirlo en abundante agua durante 20 minutos en una proporción de 5 partes de agua por 1 de mijo, y luego escurrirlo.

Su sabor es suave y neutro, y al igual que la quinoa, puede utilizarse en platos tanto salados como dulces y comerse en frío o en caliente. Sopas, ensaladas, guisos, y hasta croquetas hago yo con mijo (ya verás la receta de las croquetas en este libro).

<u>Dónde comprar mijo:</u> en tiendas de productos ecológicos, en herbolarios y en la zona eco de las grandes superficies. En algunos supermercados, como Lidl y Aldi, de vez en cuando lo tienen. Lo encontrarás en paquetes como el couscous o el arroz.

***Couscous o cuscús:** son granos de sémola de trigo duro que admiten infinidad de acompañamientos. Es un alimento de origen bereber y un básico en la cocina árabe. Tradicionalmente se prepara al vapor. El que encontrarás en supermercados se hace sin esfuerzo porque viene precocido. Solo tendrás que añadirle agua o caldo hirviendo y dejar que se hidrate, él solo, durante 5 minutos.

Lo utilizo para hacer el típico plato de couscous marroquí acompañado de verduras, pasas y algo de carne. También para ensaladas, en sopas, guisos y como guarnición de otros platos.

<u>Dónde comprar couscous:</u> es muy fácil de encontrar, lo venden en casi cualquier supermercado. Por supuesto, también en tiendas «eco» y en tiendas de productos árabes.

***Bulgur:** se obtiene a partir del trigo y es muy popular en la cocina de Oriente Medio. Es el ingrediente principal del tabulé (en este libro tienes una versión de esta receta). De forma irregular, más bien ovalada, y tamaño más grande que el couscous. Se prepara cociéndolo en abundante agua durante 7 minutos.

Creo que el bulgur es de mis cereales preferidos. Al igual que el resto, no tiene mucho sabor, pero me resulta muy agradable su forma y textura. Lo utilizo para hacer ensaladas, para acompañar legumbres, para añadir a sopas, como guarnición de cualquier plato y, por supuesto, para hacer el auténtico tabulé o tabbule libanés.

<u>Dónde comprar bulgur:</u> todavía no es fácil encontrarlo. Busca en tiendas de productos ecológicos o de productos árabes. Algunas veces puedes encontrarlo en Lidl o Aldi en la zona bio.

***Trigo sarraceno:** a pesar de su nombre, y aunque popularmente se le considere como tal, no es un cereal ni nada tiene que ver con el trigo. Se trata de una semilla. Por lo tanto, no contiene gluten. Su grano es de tamaño parecido al del arroz y se puede utilizar en los mismos platos que este. Tiene una curiosa forma de «mini-pirámide». Para cocinarlo, hay que hervirlo en abundante agua durante unos 20 minutos y escurrir. Cuando se cocina queda una textura un poco gelatinosa y su sabor es más fuerte que el de otros cereales. Si lo dejas a remojo toda la noche, se asimilan mejor sus nutrientes y se digiere mejor.

Lo utilizo en elaboraciones similares al arroz. Con verduras, con pescados o de acompañamiento de otros platos. Para desayunar se puede hacer *porridge* de trigo sarraceno o un falso arroz con leche. También puedes hacer harina con él y elaborar panes o deliciosas crepes. Se le conoce también como alforfón.

<u>Dónde comprar trigo sarraceno:</u> en tiendas de productos ecológicos, en herbolarios y en la zona eco de las grandes superficies. Algunos supermercados como Lidl y Aldi de vez en cuando lo tienen en la zona bio. Lo encontrarás en paquetes como el couscous o el arroz.

***Avena. ¡No podría vivir sin ella!:** este cereal es una de las mejores fuentes de energía que existen. Al ser rica en hidratos de carbono de absorción lenta, mantiene la sensación de saciedad durante horas. Es una buena opción si estás haciendo dieta porque te quita la sensación de hambre y, además, mejora la digestión. Tiene un alto contenido en fibra y ayuda a evitar el colesterol, además de un efecto sedante y tranquilizante en el sistema nervioso.

Casi todas las mañanas forma parte de mis desayunos, ya sea en forma de *porridge*, de bizcocho, de galletas o en mi granola casera. La convierto en harina para rebozar cualquier cosa como croquetas o albóndigas, y la utilizo también para hacer hamburguesas vegetales (aquí vas a encontrar alguna de ellas).

<u>Dónde comprar avena:</u> hoy en día la avena es muy fácil de encontrar. La venden en casi cualquier supermercado y tiendas de alimentación. Se encuentra en copos gruesos o en copos suaves (más agradable para los desayunos).

***Harina de espelta integral:** la espelta pertenece a la familia del trigo, pero es más fácil de digerir que este y contiene menos gluten. Funciona muy bien para hacer panes y en repostería.

<u>Dónde comprar harina de espelta integral:</u> es muy fácil de encontrar porque la venden en casi cualquier supermercado y tiendas de alimentación, en tiendas ecológicas y herbolarios.

♥ **PAN DE CALIDAD** (hecho con harina 100% integral)

Siempre tengo pan congelado en rebanadas, preparado para meterlo directamente en el tostador y hacerme unas ricas tostadas. Mis panes preferidos son el de centeno y el de espelta integral.

<u>Dónde comprar un buen pan de calidad:</u> en panaderías artesanas, en tiendas ecológicas y en herbolarios. Pregunta por pan de harina 100% integral. También puedes optar por hacer tu propio pan en casa: es muy fácil.

♥ **LEGUMBRES**

En mi despensa nunca faltan las legumbres crudas o los tarros de legumbres ya cocidas. Estos me solucionan la vida muchas veces, pues las utilizo muchísimo, y no solo en guisos sino también en ensaladas, purés, o para hacer hummus (paté de garbanzos), que me encanta:

— Lentejas (marrones, verdes, rojas)
— Garbanzos
— Judías blancas y negras
— Guisantes

♥ **FRUTOS SECOS Y SEMILLAS CRUDOS** (naturales)

Siempre crudos para que conserven todos sus beneficios y nutrientes intactos. No faltan en mi despensa y son el toque *crunchy* en mis desayunos, ensaladas, cremas y otros platos. También para picar entre horas: ¡son la opción *healthy* perfecta!

— Nueces
— Almendras
— Avellanas
— Anacardos
— Cacahuetes
— Pipas de girasol
— Pipas de calabaza
— Semillas de sésamo
— Semillas de chía*

***Las semillas de chía, ¡tan pequeñas pero matonas!:** estas diminutas pero poderosas semillas ya fueron usadas en época de los aztecas, mayas e incas, como alimento que les proporcionaba fuerza y resistencia en sus batallas. Hoy han vuelto para convertirse en estrellas de la nutrición por su alta concentración de nutrientes.

Las semillas de chía son una excelente fuente de fibra y antioxidantes, calcio, proteínas y ácidos grasos omega 3 de origen vegetal.

Entre las propiedades de las semillas de chía caben destacar:
• Tienen 5 veces más calcio que la leche y 8 veces más fósforo.
• 3 veces más antioxidantes que los arándanos.
• 3 veces más hierro que las espinacas.
• 2 veces más fibra que la avena.
• 2 veces más potasio que los plátanos.
• 2 veces más proteína que cualquier verdura.
• 7 veces más omega 3 que el salmón.

Las utilizo para hacerme los deliciosos pudding de chía que verás en este libro. En la cocina vegana se utilizan como sustitutas del huevo, pues al hidratarse aumentan su volumen y tienen una textura gelatinosa.

<u>Dónde comprar semillas de chía:</u> hoy en día es muy fácil encontrar chía. La venden en casi cualquier supermercado, en tiendas ecológicas y herbolarios.

♥ LAS ESPECIAS Y AROMÁTICAS ¡MIS GRANDES ALIADAS!

Son las que alegran mis platos y los visten de diferentes matices. Las especias no pueden faltar en mi despensa. Muchas veces son el toque definitivo a una receta y, gracias a ellas, la sal prácticamente ha desaparecido de mi vida. Mis indispensables y preferidas son estas:

— Cúrcuma*
— Curry en polvo
— Orégano

— Tomillo
— Romero
— Albahaca
— Comino
— Laurel
— Pimienta
— Pimentón
— Estragón
— Perejil
— Cilantro
— Jengibre*
— Pasta de curry*
— Canela
— Cardamomo molido
— Nuez moscada
— Clavo

***Cúrcuma, ¡la estrella de mi cocina!:** tiene unas magníficas propiedades antiinflamatorias, antioxidantes y anticancerígenas. De hecho, es conocida como la sustancia más anticancerosa que existe debido a la curcumina, un agente antitumoral capaz de inhibir el crecimiento de todas las células cancerosas. En India se la considera una especia sagrada.

Pero no solo eso, sino que también fortalece el sistema inmunológico, protege el hígado, mejora la digestión y la piel y regula el colesterol. Dicen de ella que es mágica.

La cúrcuma es uno de los ingredientes que componen el curry y le da ese color amarillo. Tiene un sabor agradable, pero fuerte, por eso con añadir poca cantidad será suficiente. La utilizo muchísimo, en casi cualquier plato va bien: en guisos, en el aliño de las ensaladas, en cremas y purés, en las tortillas… incluso se la añado a la leche para hacer un riquísimo *Cúrcuma latte* (ya verás la receta en la sección de desayunos).

Pero ojo: para que nuestro cuerpo absorba la curcumina, debe de ir mezclada siempre con un poco de pimienta negra molida (con un poco basta).

<u>Dónde comprar cúrcuma</u>: la encuentras en polvo (lo más común), o fresca en forma de raíz que puedes rallar tú mismo en casa. La localizarás muy fácil porque la venden en cualquier supermercado junto al resto de especias en formato polvo, y en tiendas especializadas, ecológicas y herbolarios podrás encontrarla también en raíz fresca.

***Jengibre:** esta especia que reconozco que me costó que me gustara a principio, se ha convertido en un imprescindible en mi cocina. Tanto en polvo como fresco en raíz, el jengibre da un toque definitivo a mis platos. Además, tiene grandes propiedades antioxidantes y antiinflamatorias, convirtiéndolo en un potente anticancerígeno. Es antibacteriano y antiviral, estimula el sistema inmunitario y es muy bueno para combatir las náuseas.

Utilizo el jengibre fresco bien picadito como si fuera ajo para la base de muchos platos de verduras, se lo añado rallado a las ensaladas, y a veces lo infusiono con agua para beber. El jengibre en polvo lo utilizo para aromatizar en postres, también en infusiones, guisos, sopas… Tiene un punto picantón que me encanta.

Dónde comprar jengibre: tanto la raíz fresca como el polvo son muy fáciles de encontrar en casi todos los supermercados y tiendas. La raíz en la zona de las verduras y el polvo junto a las especias.

Pasta de curry: ya sea rojo, verde o amarillo, es el ingrediente estrella de mis platos de curry de verduras o de carne que verás en este libro. Son recetas super fáciles y muy resultonas que te harán triunfar seguro. Se pueden hacer con curry en polvo, pero no es lo mismo.

Dónde comprar pasta de curry: la venden en tiendas orientales; si tienes una cerca pregunta que seguro que hay. Desde hace poco la venden en Mercadona. La verás en sobres o en tarrinas. Dura mucho tiempo porque solo necesitarás usar una cucharadita de postre en cada elaboración. Una vez abierto, se conserva muy bien en la nevera. Si puedes hacerte con un tarrito, hazlo, porque te encantará.

♥ **ACEITES Y CONDIMENTOS**

— AOVE ¡nuestro oro líquido! (por si aún no lo sabes = Aceite de Oliva Virgen Extra ♥).
— Aceite de oliva virgen aromatizado casero* (trufa, tomillo, guindilla, ajo...).
— Aceite de coco virgen extra*
— Vinagre de manzana*
— Salsa tamari (de soja)*
— Tahini (pasta de sésamo)*
— Mostaza en grano.
— Aceitunas (¡Soy una loca de estas pequeñas!).

Aceite de oliva virgen aromatizado: los hago yo en casa y me encantan para darles diferentes sabores a mis platos. Solo tienes que poner aceite de oliva virgen extra en una botella y meter dentro el ingrediente con el que quieras aromatizar: unos ajos, hierbas como tomillo o romero, un trozo de trufa, guindillas picantes... lo dejas macerar y ya tienes tu aceite aromatizado listo.

Aceite de coco virgen: lo utilizo mucho para hacer mis dulces saludables. Ya verás cuando veas este capítulo en el libro: les da un sabor increíble. Es importante que sea virgen y no refinado.

Dónde comprar aceite de coco virgen: cada vez resulta más fácil de encontrar. En la mayoría de los supermercados y grandes superficies lo tienen. Siempre en tiendas ecológicas y herbolarios y, como casi todo, también puedes comprarlo por internet.

Vinagre de manzana: no utilizo mucho el vinagre pues siempre aliño con limón, pero a veces añado un chorrito de vinagre de manzana a mis ensaladas, cuando hago mayonesa o a algún otro plato. Es el que más me gusta de sabor y, además, el vinagre de manzana al estar fermentado es bueno para las digestiones.

Dónde comprar vinagre de manzana: en cualquier supermercado o tienda. Yo lo compro ecológico en tiendas «eco», herbolarios, o en la zona bio de grandes superficies.

***Salsa tamari (de soja):** es salsa de soja, pero más saludable porque a diferencia de esta, no contiene azúcar ni trigo, es decir, no tiene gluten.

Dónde comprar salsa tamari: es fácil de encontrar. La venden en casi todas partes, pero para que te resulte más fácil, en tiendas ecológicas y en las de productos orientales la tienen seguro.

***Tahini:** es una pasta que se elabora moliendo semillas de sésamo y es el ingrediente fundamental para hacer hummus. También se utiliza para untar en pan, y mezclada con limón y ajo para hacer una salsa que acompañe a diferentes platos como aliño.

Dónde comprar salsa tahini: se encuentra con bastante facilidad en cada vez un mayor número de tiendas, sobre todo en supermercados ecológicos, herbolarios, tiendas árabes y en la zona bio de grandes superficies. También puedes hacer tu propio tahini en casa moliendo las semillas de sésamo con un poco de agua o aceite hasta convertirlas en puré.

♥ CHOCOLATE Y PARA ENDULZAR
— Chocolate* (con una composición de cacao de al menos un 85%)
— Cacao puro en polvo 100% sin azúcares añadidos
— Pasas
— Dátiles*
— Sirope de agave ecológico*
— Miel ecológica*

***Chocolate idealmente al 85% o más:** cuanto más alto sea el porcentaje de cacao, mejor. Te acostumbras enseguida al sabor menos dulce y más terroso del chocolate auténtico y ¡te acaba encantando!

Dónde comprar chocolate al 85% o más: lo encuentras en muchos sitios. Casi cualquier tienda o supermercado tiene chocolates de porcentajes altos.

***Los dátiles:** son un fruto excelente para endulzar y una buenísima y saludable alternativa al azúcar. Los mejores –más dulces, ricos, tiernos y carnosos– son los *medjool*. Son algo caros pero merecen la pena. De vez en cuando los compro, pero a diario uso los más económicos, sin hueso. Si el dátil está un poco seco o duro, métrelo en agua caliente 5 minutos. Se quedan tiernos y jugosos.

Dónde comprar dátiles: los más corrientes los venden en cualquier tienda o supermercado. Los *medjool* se encuentran en algunas fruterías, en tiendas árabes, ecológicas y herbolarios, en tiendas gourmet y a veces en el supermercado normal.

***El sirope de agave:** se obtiene de un cactus y su textura es parecida a la miel. Conviene comprarlo ecológico; los que venden en los supermercados están muy refinados. No es algo de lo que abuse, lo utilizo de manera esporádica para hacer algún dulce y siempre procurando que sea de buena calidad.

Dónde comprar sirope de agave: en tiendas ecológicas y herbolarios. También por internet.

*Miel ecológica:** compro la miel «eco» por la misma razón que el sirope de agave, cuanto menos procesada esté mejor. La miel auténtica y buena es esa que se cristaliza y se solidifica. La utilizo de manera esporádica para endulzar, pero muy poco.

Dónde comprar miel ecológica: en tiendas ecológicas, herbolarios y a los mieleros de toda la vida. También por internet.

♥ INFUSIONES Y TÉ MATCHA

Mi despensa tiene una balda llena de infusiones. Cada día puedo tomar unas dos o tres, ¡son un mundo por descubrir! Las compro siempre en tiendas ecológicas y de buena calidad. Mis preferidas son las de sabores, como jengibre, cardamomo, regaliz, canela, cúrcuma...

— **El té matcha** es otro de mis imprescindibles. Es un té que no se infusiona, sino que se consume en polvo y se disuelve en agua o leche. Tiene un color verde intenso y unas propiedades antioxidantes muy potentes. Al principio su sabor puede extrañarte porque es muy distinto a lo que hayas probado hasta ahora. A mí me gusta hacerlo con agua y añadir un poco de leche de avena o de almendras al final. También lo utilizo para añadírselo a bizcochos, crepes y a alguna otra receta.

Dónde comprar té matcha: el bueno, gran calidad, no es fácil de encontrar. Es bastante caro pero merece la pena. Yo lo compro en tiendas especializadas, ecológicas, o por internet.

EN FRÍO - NEVERA Y CONGELADOR

♥ VERDURAS Y HORTALIZAS DE «FONDO DE ARMARIO». Frescas y congeladas.

La verdura es la que ocupa una buena parte de mi vida. Compro la que esté de temporada y siempre tengo congelada. Es un recurso buenísimo para que nunca te encuentres sin provisiones. La utilizo mucho para hacer purés y acompañamientos.

— Cebollas
— Ajo
— Puerros
— Apio
— Pimiento rojo, amarillo y verde
— Champiñones
— Zanahorias

— Calabaza

— Calabacín

— Brócoli

— Espinacas

— Berenjenas

— Tomates

— Pepino

— Setas (champiñones, shiitake...)

— Lechuga, rúcula, canónigos...

— Remolacha

— Patatas

— Boniatos

— Congelada: coliflor, judías verdes, brócoli, guisantes...

♥ **FRUTA FRESCA Y CONGELADA** (Variada y de temporada)
¡Cualquier fruta de temporada es bienvenida a mi casa!

— Manzanas

— Peras

— Plátanos

— Naranjas y mandarinas

— Kiwis

— Sandía

— Fresas

— Ciruelas

— Limones

— Aguacates

......

***Fruta congelada**

Siempre tengo fruta congelada en casa. Con ella me hago unos deliciosos boles de fruta con yogur que están de infarto. Me la como tal cual, sin descongelar. No está como una piedra, por dentro está blandita. Tranquilo, que no vas a perder un «piño» por morderla. Pero si te da «cosa», puedes sacarla y dejarla 5-10 minutos a temperatura ambiente.

También la utilizo para hacer batidos y para los super deliciosos *nicecreams* o helados saludables, que verás en este libro. ¡Ñam!

En casi todos los supermercados venden bolsas de fruta congelada. Suelo comprar esas prácticas bolsas, pero también congelo yo la fruta en casa, como el plátano en rodajas, las fresas o la piña. Búscalas en la sección de congelados.

Suelo tener:

— Fresas

— Arándanos

— Mezcla de frutos rojos

— Mango

— Piña

— Plátano

♥ LÁCTEOS Y HUEVOS

— Leche vegetal (sin azúcares añadidos) de almendras, avena, soja, arroz...

— Leche de vaca, cabra u oveja cuando es fresca, ecológica y de calidad

— Yogur griego y natural de calidad: compuesto solo de leche y fermentos lácticos (de cabra, oveja o vaca)

— Kéfir*

— Queso fresco batido (también llamado *quark*)

— Queso de cabra

— Leche de coco* (para hacer cremas y curris)

— Huevos*

***Kéfir:** es una bebida fermentada parecida a la leche o al yogur. Tiene un sabor peculiar algo fuerte y agridulce. Se obtiene por fermentación con un hongo. Es un probiótico maravilloso para la flora intestinal y me sienta genial. Suelo comprar el de cabra, que tiene un sabor aún más fuerte, pero esto es al gusto de cada uno.

Dónde comprar kéfir: hoy en día lo venden en casi todas las tiendas y supermercados. Lo encuentras junto a los yogures en sección de frío. Por supuesto, también en tiendas ecológicas.

***Leche de coco:** es una leche que se obtiene triturando la carne del coco con agua. Su sabor es delicioso y se utiliza mucho en la cocina asiática y caribeña. Sirve para hacer muchas recetas. Entre ellas, los deliciosos curris que aquí vas a ver.

Dónde comprar leche de coco: es muy fácil de encontrar. La venden en latas en casi cualquier supermercado, en grandes superficies y en tiendas eco y orientales.

***Huevos:** son un básico en mi dieta. Cocidos, escalfados, a la plancha, en revueltos o en tortilla. Suelo comprarlos ecológicos. Se reconocen por llevar el número «0» delante de su código.

Dónde comprar huevos ecológicos: en tiendas eco y en casi todos los supermercados tienen esta opción. Fíjate en que tengan el número «0» delante.

Hasta aquí la revisión de la despensa.
Ahora te toca a ti hacer la tuya. Te aconsejo que saques todo
fuera y aproveches para hacer una buena limpieza a fondo.
Ordena lo que tengas por fechas de caducidad para consumirlo
primero y deshazte de todo lo que no merezca la pena.
Coge papel y boli y hazte una buena lista de la compra,
con los alimentos que quieras empezar a incorporar a tu vida.
¡A por ello!

Batch cooking o meal prep: ¡organiza tu vida!

El batch cooking va a ser tu nuevo mejor amigo y, gracias a él, vas a comer sano toda la semana sin que te cueste trabajo, vas a ahorrar dinero y, encima, vas a tener más tiempo libre. Una maravilla, vamos.

#batchcookingHCS

También conocido como meal prep (preparación de la comida), «batch cooking» es un anglicismo que se traduce como «cocinar por bloques» o «por separado». Consiste en dedicar unas horas de un día a cocinar y dejar preparados con antelación una serie de alimentos saludables, que serán las bases de tus comidas y/o cenas de toda la semana.

La idea es que tengas listas en la nevera todas las preparaciones que necesitas para tu menú semanal, las guardes en tarros, tuppers y recipientes por separado, y que vayas haciendo tus combinaciones cada día.

Con tu nevera llena de alimentos saludables ya preparados, te resultará muchísimo más fácil llevar una dieta sana y equilibrada.

Al cocinar muchos alimentos de una sentada, aprovechamos y optimizamos los recursos energéticos de la cocina. Ya que encendemos el horno, que nos sirva para cocinar varios platos distintos a la vez. Y si estamos cociendo algo, siempre podemos aprovechar su vapor para cocinar otra elaboración encima.

Tener el menú decidido con antelación supone una gran comodidad y tranquilidad, pero es que, además, te hace ahorrar en la lista de la compra y aprovechar todos los alimentos que tienes en casa. Vas a tener muy claro qué es lo que necesitas y lo que vas a comer.

¿CÓMO ORGANIZAR UN BUEN BATCH COOKING?

1. Lo primero será sentarse y organizar tu menú semanal. Así que coge papel y boli y piensa qué días vas a comer y cenar en casa. Si tienes que organizar solo comidas, solo cenas o comidas y cenas. Decide el menú de toda la semana y piensa qué día es el que vas a dedicar unas horas a tu cocinado de batch cooking. Normalmente la gente se organiza los domingos, pero puede ser otro día: adáptalo a tu ritmo de vida.

2. Con el menú decidido, haz la lista de la compra y sal con tu carrito a por todo lo que necesitas.

3. Ahora toca entrar en la cocina y ponerte a cocinar como loco. Verás lo que eres capaz de hacer en un par de horas.

¿QUÉ PUEDO COCINAR EN EL BATCH COOKING?

Deberás cocinar los platos que hayas decidido en tu menú o por lo menos sus bases. Quizás algunas cosas las tengas que preparar en el momento, como una ensalada fresca, un huevo a la plancha o escalfado, o un pescado al horno, pero esto te llevará muy poco tiempo y esfuerzo con las bases y acompañamientos ya preparados.

Puedes dejar preparado con antelación lo que aguante bien varios días en la nevera:

1. Cocina algún cereal (arroz, quinoa, pasta, mijo...) que luego podrás combinar con otras cosas y te servirá en diferentes platos.

2. Cuece legumbres (lentejas, garbanzos, alubias...). Podrás comerlas como guiso, hacer hummus, utilizarlas en ensalada o rellenos...

3. Haz una crema o puré de verduras. Usa una olla grande para hacer una buena cantidad y tener para varios días. Pon más líquido del habitual y aprovecha el caldo que te sobre para hacer una sopa.

4. Enciende el horno y asa diferentes verduras (berenjenas, pimientos, cebollas, zanahorias, calabaza, boniatos...). Podrás hacer ensaladas con ellas, combinarlas con algún cereal, rellenarlas, hacer una crema... Aprovecha para hacer algún asado como un pollo.

5. Prepara algún plato más elaborado que dure bastantes días en la nevera como unas albóndigas, croquetas, lasaña, un guiso...

6. Haz alguna salsa o aliño como pesto, hummus o tomate casero para añadir a cualquier plato.

7. Deja unos huevos cocidos que podrás poner para completar o rematar alguna comida o cena. Duran hasta 5 días perfectos en la nevera.

8. Puedes hacer granola para tus desayunos, una mermelada saludable, y preparar algún dulce para tener como tentempié a media mañana.

Todas estas preparaciones aguantarán perfectamente unos 4-5 días en la nevera, bien guardadas en recipientes herméticos. Si algo te sobra, lo puedes congelar.

ADEMÁS DE ESTO:

Ten siempre en la nevera verduras frescas, hojas verdes y demás ingredientes para preparar una ensalada que completará tus comidas, para hacer una tortilla o para mezclar con algún cereal.

Ten un buen pan de calidad que sea 100% integral cortado en rebanadas en el congelador. Lo puedes meter directamente en la tostadora para tus desayunos o para hacer tostas y bruschettas.

Tener unos buenos tarros de conservas de verduras y legumbres en la despensa te pueden solucionar la papeleta un día, rápidamente.

Y, por último, ten verdura y fruta siempre en el congelador. Es un buen recurso para el día a día, pero también para las vueltas a casa después de pasar unos días fuera o para cuando no te da tiempo a hacer la compra. Podrás echar mano de ellas para completar platos, hacer purés o menestras. Con la fruta te podrás hacer batidos, helados, mermeladas...

Con esto ya organizado y preparado, solo tendrás que dedicar 10 o 15 minutos a preparar cada día tu comida o cena. ¡Dale rienda suelta a tu imaginación y crea deliciosas combinaciones en tu plato!

Estos son 2 ejemplos reales de mis batch cooking para las cenas de una semana. Vas a ver que predomina la comida vegetal, y es que un 80% de mi dieta es vegetariana, basada en legumbres, cereales, fruta, verdura y grasas saludables. De vez en cuando, como algo de pescado, pollo o pavo, y los huevos siempre están en mi dieta.

MI MENÚ DE CENAS CON ESTE BATCH COOKING FUE ESTE:

★ **Lunes:** pisto de verduras con huevo cocido.

★ **Martes:** judías verdes con patata y salsa de tomate + un pescado a la plancha que preparé en el momento.

★ **Miércoles:** lentejas con verduras y arroz.

★ **Jueves:** ensalada de quinoa con brócoli crudo rallado, huevo cocido, hojas verdes (lechuga, espinacas), cebolleta, calabacín crudo y champiñones crudos laminados.

★ **Viernes:** tortilla de patatas y calabacín hecha en el momento.

★ **Y la crema de cacahuete** para untar las tostadas del desayuno.

- Puré de calabaza y brócoli.
- Verduras asadas en el horno (berenjena, pimientos, cebollas, zanahorias).
- Boniatos asados en el horno.
- Guiso de calabaza con especias.
- Garbanzos.
- Caldo de verduras.
- Quinoa.
- Arroz integral.
- Mermelada de frutos rojos saludable.

MI MENÚ DE CENAS CON ESTE BATCH COOKING FUE ESTE:

★ **Lunes:** puré de calabaza y brócoli + una ensalada de verduras asadas (verduras + hojas verdes y cebolleta).

★ **Martes:** guiso de calabaza con especias y arroz.

★ **Miércoles:** caldo de verduras + boniato relleno de ensalada de quinoa, aguacate, tomates, pepino y lechuga.

★ **Jueves:** caldo de verduras + guiso de calabaza con garbanzos y un poco de arroz.

★ **Viernes:** una ensalada mix con todas las sobras de la semana (quinoa, verduras asadas, y unos pocos garbanzos), con tomate, hojas verdes (lechuga y rúcula) y un huevo poché que hice en el momento.

★ **La mermelada de frutos rojos** para mis tostadas y boles de desayuno.

Como ves, la mayoría de cosas ya las tenía listas y solo he tenido que combinarlas en el plato. El resto, solo ha sido completar con algunos ingredientes de ensalada, un pescado o un huevo hecho en el momento.

Recetas

Con toda esta organización ya clara en la cabeza, me imagino que tendrás unas ganas locas de cocinar, así que aquí te dejo un montón de recetas para que disfrutes desde el desayuno a la cena y que, de vez en cuando... te des un capricho dulce y saludable. Estos platos son algunos de los que yo cocino en mi casa cada día. Aunque con predominio veggie, he procurado que sean recetas variadas y que haya para todos los gustos. Dentro de muchas de ellas encontrarás otras recetas de salsas y guarniciones para que las utilices en otras elaboraciones.

Te aconsejo que no seas rígido con las recetas. Siéntete libre de hacer los cambios y modificaciones que quieras. Atrévete a experimentar, lánzate y prueba a cambiar algún ingrediente, a combinarlos de manera diferente, a lo que quieras, pero ¡disfruta!

#recetasHCS

Mis desayunos preferidos

Para empezar el día con energía de la buena, esta es una selección de mis desayunos preferidos. Como verás, hay para todos los gustos. ¡Buenos días!

#desayunosHCS

Porridge de avena

Esta deliciosa papilla de avena se ha convertido desde hace un tiempo en la última moda en desayunos saludables. Y eso que de novedad no tiene nada, porque en Escocia se lleva comiendo toda la vida. Aquí lo conocemos como gachas de avena y os diré que es uno de mis desayunos preferidos. En verano, en versión fría, lo dejo preparado en la nevera desde la noche anterior. Y, en invierno, me lo como bien calentito.

Os dejo mi receta. A partir de ella, ¡haz tus combinaciones preferidas!

Tiempo: 5 minutos   Raciones: 1

Ingredientes

PARA EL PORRIDGE:
- **40 gr de copos de avena suaves.**
- **180 ml de leche de avena u otra leche (1 taza).**
- **1 cucharadita de canela.**
- **1 cucharadita de miel o de mantequilla de frutos secos o de mermelada sin azúcar.**
- **Un trozo de corteza de limón o de naranja.**

TOPPINGS POR ENCIMA:
- **Plátano.**
- **Manzana.**
- **Semillas de chía y cáñamo.**
- **Anacardos crudos.**
- **1 cucharada de mantequilla de cacahuete casera (o de almendras).**

Elaboración:

El porridge lo puedes hacer en su versión lenta tradicional o rápidamente en 2 minutos en el microondas. Te explico las dos y luego, tú decides:

1. Versión tradicional –que es la que yo hago, porque la textura me gusta mucho más-.

Pon todos los ingredientes del porridge en un cazo a fuego medio y remueve durante 5 minutos hasta que se convierta en una papilla suave. Retira la corteza de limón o naranja, pon el porridge en un bol y coloca por encima los toppings que elijas. En mi caso le he puesto manzana en gajos, plátanos, anacardos y unas semillas de chía y cáñamo.

2. Versión exprés en el microondas: pon todos los ingredientes del porridge en un bol, mezcla bien y mételo al microondas a máxima potencia durante 2 minutos. Saca y deja reposar 1 minuto más. Retira la corteza de limón o naranja y ponle por encima los toppings que más te gusten.

★ ★ ★ **Mi consejo** ★ ★ ★

Si el porridge te queda demasiado espeso, añade un chorrito más de leche y volverá a ser cremoso. Añade al cazo una cucharada de la mermelada saludable que tienes en este libro cuando estés haciendo el porridge. Ni te imaginas lo bien que le queda.

Y más sugerencias: haz un plátano a la plancha y mézclalo con el porridge. ¡Es otra dimensión! Prueba a hacer porridge con quinoa cocida, otra variedad que me encanta.

Granola casera

Esto sí que ha sido el gran descubrimiento en mis desayunos *healthy*.
Los cereales industriales llenos de azúcar quedaron en el olvido desde que la
granola llegó a mi vida y me conquistó en el minuto cero. He hecho unas cuantas
versiones con diferentes sabores e ingredientes y, de todas las que he probado,
esta es mi favorita. Te recomiendo que hagas una buena cantidad, porque
en casa vuela. Los cereales inflados que lleva la granola los encuentras fácil en
tiendas eco, herbolarios y zonas bio de las grandes superficies.
Puedes ponerle los que vienen en la receta o sustituir unos por otros.
Aviso de que la medida «1 taza» es eso, una taza de la que tengas en tu casa. Como todo
lo vas a medir con la misma, no tiene pérdida. ¡Saluda a tus nuevos cereales preferidos!

Tiempo: 40 minutos   Raciones: 1 bote grande

Ingredientes
SECOS:
- **2 tazas de copos de avena gruesos.**
- **1 taza de mijo hinchado.**
- **1 taza de centeno inflado.**
- **1/2 taza de semillas de girasol.**
- **1/2 taza de semillas de calabaza.**
- **1/2 taza de almendras.**
- **1/2 taza de avellanas.**
- **1/2 taza de pasas.**
- **1 taza de coco rallado.**

HÚMEDOS:
- **2 manzanas.**
- **4 cucharadas de aceite de coco.**
- **4 cucharadas de aceite de oliva virgen extra.**

Elaboración:
Precalienta el horno a 200º, con calor arriba y abajo.

1. Pica los frutos secos (almendras y avellanas) toscamente, que queden trozos más bien grandes e irregulares. Cuidado, porque si lo haces con la trituradora se te pueden convertir en polvo. Es mejor picarlos con un cuchillo afilado o meterlos en una bolsa y darles unos golpes con la base de una botella o con un martillo. Reserva.

2. Pela las manzanas y trocéalas en cuadraditos. Reserva.

3. Coge un bol bien grande y mezcla todos los ingredientes secos (cereales, semillas, frutos secos picados y coco). Añade la manzana troceada y los aceites. ¡Ojo! el aceite de coco tiene que estar derretido, si está sólido mételo unos segundos en el microondas. Mezcla muy bien hasta que todo quede bien pringado.

4. Forra una bandeja de horno con papel vegetal y extiende la mezcla de la granola sobre ella. Métela al horno que ya tienes caliente y tuesta durante unos 20 minutos, hasta que esté dorada, pero sin quemarse. Ve dándole vueltas cada 8 minutos más o menos, para que se dore por todas partes igual.

5. Saca la granola del horno, muérete del gusto con su olor, añade las pasas y deja que se enfríe en la bandeja antes de guardarla en tarros de cristal.

★ ★ ★ **Mi consejo** ★ ★ ★
*Si te apetece, ponerle pasas es una buena idea, pero ten en cuenta
que tendrás que añadirlas una vez saques la granola del horno
o se te quemarán. Si te apetece añadirle pepitas de chocolate,
hazlo cuando la granola esté casi fría para que no se te derritan.*

Banana bread

Este bizcocho es una auténtica delicia. Es esponjoso y tierno por dentro.
Queda un poco húmedo, algo que me encanta. Un capricho que, de vez
en cuando, me doy y lo disfruto como loca.

Tiempo: 50 minutos   Raciones: 1 bizcocho en molde de 26 cm

Ingredientes

- **3 huevos.**
- **3 plátanos muy maduros (2 para el bizcocho y 1 para decorar).**
- **1 yogur griego (125 ml.).**
- **125 ml de aceite de oliva virgen extra.**
- **100 gr de miel o de sirope de dátil (puede ser azúcar de coco o panela).**
- **180 gr de harina de espelta integral (puede ser de trigo integral).**
- **1 sobre de levadura (15 gr).**
- **1/2 cucharadita de sal.**

PARA DECORAR:

- **1 plátano, un puñado de nueces, un poco de canela y de harina.**

Elaboración:

1. Pela los 2 plátanos y aplástalos con un tenedor hasta que se hagan puré.

2. En otro bol, bate los huevos. Incorpora el aceite, el yogur, el azúcar de coco y el puré de plátano y vuelve a batir (puedes hacerlo a mano o con la batidora).

3. Añade ahora la harina, la levadura y un pellizco de sal.

4. Engrasa un molde con unas gotas de aceite y un poco de harina y vierte la masa en él.

5. Trocea las nueces. Mezcla en un bol un poco de canela con un poco de harina. Mete las nueces picadas dentro y remueve para que se impregnen bien. Reparte las nueces por toda la superficie de la masa del banana bread.

6. Por último, pela el plátano que falta, pártelo por la mitad a lo largo y colócalo encima del bizcocho.

7. Mételo al horno ya caliente y deja que se haga unos 45 minutos. No abras el horno mientras el bizcocho esté dentro porque se te bajaría.

8. Comprueba con un pincho o con un cuchillo que está hecho (pincha y si sale limpio es que ya está. Si sale sucio tendrás que dejarlo un poco más).

que se enfríe en la bandeja antes de guardarla en tarros de cristal.

★ ★ ★ Mi consejo ★ ★ ★

*Guárdalo bien tapado con un trapo y en un lugar
donde no le de el aire para que te dure tierno más tiempo.
Puedes guardarlo dentro del horno (apagado por supuesto),
para que esté protegido.*

Tostadas de aguacate con plátano

Tostada ganadora. La mezcla de aguacate con plátano es definitiva. Cremosa y suave. Es una de mis preferidas y te recomiendo que la pruebes, porque apuesto a que se va a convertir también en una de las tuyas. Ya me lo contarás.

Tiempo: 3 minutos   Raciones: 1

Ingredientes

- **1 rebanada de pan de espelta integral o tu pan preferido.**
- **1/2 aguacate.**
- **1 plátano pequeño.**
- **Unas gotas de zumo de limón.**
- **Semillas de sésamo tostadas.**

Elaboración:

1. Tuesta tu pan y extiende el aguacate sobre él, aplastando con un tenedor. Ponle unas gotas de zumo de limón.

2. Reparte por encima el plátano cortado en rodajas y espolvorea sobre ella semillas de sésamo tostadas.

★ ★ ★ Mi consejo ★ ★ ★

¡Te recomiendo que lo hagas con un pan que al tostaro quede crujiente!

Tosta de hummus de remolacha con aguacate

Si eres de desayunos salados, esta tostada te va a encantar.
Además de ser super divertida por su color, es una auténtica delicia.
¡No hay nada como desayunar rico y bonito!

Tiempo: 10 minutos
Raciones: No las pongo porque el hummus te dará para muchas tostadas

Ingredientes

PARA EL HUMMUS
DE REMOLACHA:

- **400 gr de garbanzos cocidos.**
- **1 remolacha (puede ser cruda y pelada o cocida).**
- **1 cucharada de tahini (pasta de sésamo).**
- **1 diente de ajo.**
- **1 cucharadita de comino.**
- **Un poco de sal.**
- **Una pizca de pimienta negra molida.**
- **Zumo de 1/2 limón.**

RESTO DE
INGREDIENTES:

- **Aguacate.**
- **Semillas de sésamo tostadas.**
- **Pan integral de espelta, centeno, sin gluten… ¡tu pan preferido!**

Elaboración:

1. Pon todos los ingredientes del hummus en el vaso de la batidora y tritura hasta conseguir una textura de puré. Si ves que queda muy espeso, ayúdale con un poco de agua (poca para que no te quede líquido). Abre la batidora en el proceso y baja lo que se quede en las paredes.

2. Tuesta tu pan preferido, úntalo con el precioso hummus de remolacha y ponle unas rodajas de aguacate por encima. Espolvorea un poco de sésamo y, si quieres, unas gotas de zumo de limón y un pelín de pimienta negra le irán genial.

★ ★ ★ **Mi consejo** ★ ★ ★
Aprovecha el hummus para añadirlo a otros platos del resto del día, como a las ensaladas.

Tostadas con mermelada saludable sin azúcar

Si eres de los que no podrías vivir sin los clásicos –que a ti no te quiten tus desayunos de tostadas con mermelada de toda la vida por nada del mundo- no te preocupes que también tengo algo para ti. He conseguido dar con una receta de mermelada perfecta, ¡sin azúcar y solo con ingredientes naturales! Con un ingrediente especial clave que le da la textura de mermelada perfecta. Prueba a hacer esta misma receta con otras frutas, congeladas o frescas. ¡Con casi todas te quedará genial!

Tiempo: 10 minutos   Raciones: 1

Ingredientes
- **300 gr de frutos rojos congelados o 200 gr de frutos rojos frescos.**
- **2 manzanas.**
- **1/2 cucharadita de canela molida.**
- **1/3 cucharadita de jengibre en polvo.**
- **2 clavos.**
- **Ralladura de 1/2 limón.**
- **1 cucharada de semillas de chía.**

Elaboración:

1. Pela las manzanas, quítales el corazón y córtalas en pequeños trozos. Pon en un cazo los frutos rojos congelados (o frescos), las manzanas, las especias y la ralladura de limón. Las semillas de chía se añaden al final. Los clavos puedes pincharlos en un trozo de manzana para luego localizarlos.

2. Pon la mezcla a fuego medio durante unos 10 minutos, hasta que la fruta se derrita y se deshaga, (el tiempo dependerá también del tamaño al que cortes la manzana).

3. Ve aplastando la fruta hasta que se quede totalmente deshecha. Retira los clavos si los encuentras, si se desintegran no pasa nada, déjalos ahí. Aparta del fuego. Puedes dejar la mermelada así o triturarla si la quieres más fina.

4. Por último, el paso fundamental para que quede textura de mermelada: añade la cucharada de semillas de chía. Mezcla bien y deja enfriar. Verás que enseguida se espesa y adquiere textura gelatinosa. Pasadas unas horas, quedará aún mejor.

Y si la quieres hacer en el microondas, pues también puedes. Mete todos los ingredientes de la mermelada, menos las semillas de chía, en un bol al microondas a máxima potencia. Programa unos 7 minutos y mira cómo va. Ponlo otros cinco minutos si ves que necesita más tiempo. Saca y aplasta o tritura la fruta. Añade las semillas de chía y a reposar.

★ ★ ★ Mi consejo ★ ★ ★
Guarda la mermelada en la nevera en un tarro de cristal hermético.
Te durará mínimo una semana en perfecto estado. También puedes congelarla.
Si esta versión de frutos rojos te resulta ácida, prueba con otras frutas
más dulces como las ciruelas, el melocotón o la manzana.
Para endulzar de manera natural, puedes añadirle algunos dátiles y luego triturarla.

Cúrcuma latte o Golden milk

También llamada leche dorada o turmeric latte, es la bebida más deliciosa que he probado en los últimos tiempos. Su sabor es suave y dulzón. Aunque viendo sus ingredientes puede extrañar, insisto: es deliciosa. Sus propiedades antioxidantes, antiinflamatorias y anticancerígenas la han convertido en una bebida mágica ideal para tomar a cualquier hora del día. ¡Me encanta!

Tiempo: 5 minutos   Raciones: 1

Ingredientes

- **1 vaso de leche (de soja, avena, almendras... la que quieras).**
- **1/2 cucharadita de cúrcuma.**
- **1/3 cucharadita de canela molida.**
- **1 o 2 dátiles sin hueso.**
- **Una pizca de pimienta negra molida (para que tu cuerpo absorba la cúrcuma).**
- **Una pizca de jengibre en polvo.**

Elaboración:

1. Pon la leche en un cazo al fuego y añade el resto de los ingredientes. Calienta durante 3-5 minutos sin que llegue a hervir (ve controlando el fuego), removiendo constantemente con unas varillas para que salga espuma.

2. Si los dátiles están muy tiernos, a veces se deshacen con el calor. Si quedan trocitos, pasa tu cúrcuma latte por la batidora.

3. Sirve la leche de cúrcuma en una taza y espolvorea un poco de canela por encima.

★ ★ ★ **Mi consejo** ★ ★ ★
Prueba a ponerle también un poquito de jengibre en polvo, ¡le da un toque picante muy rico!

Pudding de chía

Las pequeñas semillas de chía, al hidratarse, aumentan mucho su volumen
y su textura se vuelve gelatinosa, de ahí que recuerden a un pudin o a un flan.
Mézclalas con especias, zumos o diferentes frutas para darle matices y sabores.
Al dejarlas reposar durante un par de horas, verás cómo se van espesando
y convirtiendo en un desayuno, postre o merienda ide lo más gustoso!

**Tiempo: 3 minutos y reposo (entre dos horas y toda la noche en la nevera)
Raciones: 1**

Ingredientes

• **2 cucharadas soperas de semillas de chía.**
• **150 ml de leche vegetal o animal (1 vaso).**

TOPPINGS:
• **Trocitos de fruta, frutos secos, pepitas de chocolate...**

Elaboración:

1. Pon las semillas de chía con la leche en un vaso (es el momento de añadir alguna especia o puré de fruta si quieres darle un toque de sabor), mezcla bien y deja reposar en la nevera toda la noche o un mínimo de 2 horas.

2. Cuando vayas a comerlo, ponle por encima trocitos de fruta, algún fruto seco y pepitas de chocolate.

★ ★ ★ Mi consejo ★ ★ ★

A partir de esta receta básica, haz tus experimentos y combinaciones. Por ejemplo, puedes aplastar unas fresas u otra fruta y añadirlas a la vez que la leche. O alguna especia como canela, un poco de té matcha o cacao en polvo... Hay muchos matices y sabores que le puedes dar a tu pudin de chía, ite animo a tunearlo!

Galletas de almendra, saludables y crujientes

No existe en el mercado ni una sola galleta saludable, por mucho que nos las disfracen de «diet», «healthy» y «bio». Así que esta receta es fruto de la necesidad absoluta de comerme unas galletas sanas y crujientes. Dar con la formula perfecta ha costado unas cuantas pruebas, pero ha merecido la pena porque, señoras y señores, he dado con ella. ¡Estoy convencida de que te van a quedar perfectas!

Tiempo: 35 minutos   Raciones: Unas 20 galletas

Ingredientes

- **1 taza de harina de avena (se hace triturando los copos de avena).**
- **1 taza de harina de almendras.**
- **8 dátiles.**
- **3 cucharadas de aceite de oliva virgen.**
- **2 cucharadas de aceite de coco.**
- **1 cucharadita de esencia de vainilla (opcional).**
- **1/2 vaso de leche de soja (u otra leche).**
- **Un puñado de almendras crudas picadas para decorar.**

Elaboración:

Precalienta el horno a 180°, con calor arriba y abajo.

1. Pon las harinas, los dátiles, los aceites, la leche y la vainilla en el vaso de la batidora y tritura hasta conseguir una pasta. Puede que tengas que abrir varias veces y bajar lo que se quede en las paredes con una espátula. También puedes picar los dátiles con un cuchillo y mezclarlo todo a mano (es muy agradable encontrarse algún trocito de dátil en las galletas).

2. Ve cogiendo porciones de masa y haz bolitas con ella. Aplasta cada bola para darle forma de galleta y ponle unas almendras picadas por encima, apretando para que se fijen en la masa.

3. Coloca las galletas en una bandeja sobre papel de hornear y métela al horno precalentado a 180º durante 20-25 minutos (ve vigilando para evitar que se quemen).

4. Espera un rato a que se enfríen antes de hincarles el diente. Guárdalas en un tarro de cristal hermético y disfrútalas cada día.

★ ★ ★ Mi consejo ★ ★ ★

Puedes utilizar otra harina de fruto seco en lugar de la de almendras (de nueces, avellanas...).
Añade unas pepitas de chocolate a la masa y verás qué delicia.

Smoothie bowls de frutas y verduras (batidos en bol)

Lo que me gusta a mí decir «smoothie bowl» –qué tontería, podría decir «batido en bol»– pero es que ese nombre me cautivó desde que lo oí. Otra cosa que me cautiva es desayunar bonito, y es que a mí un bol precioso me sabe hasta diferente. Los smoothie bowls se hacen con una mezcla de frutas y verduras frescas y crudas. Son más bien dulces y el truco está en saber combinar los ingredientes. No hace falta que os diga que estos batidos vienen cargados de superpoderes en forma de nutrientes, vitaminas, minerales y antioxidantes.

Tiempo: 5 minutos   Raciones: 1

Ingredientes

Batido verde en bol (fruta y verdura):

PARA EL BATIDO

- **30 gr de espinacas frescas (2 puñados generosos).**
- **1/2 pepino.**
- **1 manzana.**
- **1 kiwi.**
- **1 vaso de leche vegetal.**

TOPPINGS

- **Mango troceado.**
- **Plátano en rodajas.**
- **Kiwi laminado.**
- **Frambuesas.**
- **Semillas de chía.**
- **Nueces picadas.**
- **Copos de avena.**

Batido amarillo en bol (solo fruta y avena):

PARA EL BATIDO

- **30 gr de copos de avena.**
- **1 plátano.**
- **2 rodajas de piña.**
- **1/2 mango.**
- **1 vaso de leche vegetal.**

TOPPINGS

- **Mango troceado.**
- **Fresas laminadas.**
- **Arándanos.**
- **Semillas de cáñamo.**
- **Almendras picadas.**
- **Avellanas picadas.**

Elaboración:

Tan fácil como poner todos los ingredientes del batido en la batidora y darle caña.

Pon tu batido en un bol y decóralo con cariño con tus toppings preferidos, ¡te quedará precioso!

Bol de fruta congelada con yogur y té matcha

La fruta congelada es otro fijo que no puede faltar en mi vida. Ya sea invierno o verano. La utilizo a diario para hacer batidos, helados saludables, mermeladas o para comérmela tal cual en un bol. Tranquilos, se puede morder con facilidad, la fruta congelada es blandita por dentro. Si todavía no la has probado, te estás perdiendo un gran placer. Nunca es tarde así que ¡anímate a llenar de fruta tu congelador! El té matcha es otro de mis incondicionales. Un té con gran poder antioxidante que se toma en polvo diluido en agua o leche. Maravilloso.

Tiempo: 3 minutos   Raciones: 1.

Ingredientes

PARA EL BOL DE FRUTA

- **Mezcla de frutos rojos congelados.**
- **Mango congelado.**
- **Arándanos congelados.**
- **Fresas congeladas.**
- **Plátano congelado.**
- **Yogur griego / yogur natural / queso fresco batido / yogur vegetal (de soja, anacardos…). Cualquiera, pero sin azúcares añadidos.**
- **Frutos secos y semillas.**

PARA EL TÉ MATCHA

- **1 cucharadita de té matcha.**
- **Una taza de agua.**
- **Un poco de leche.**

Elaboración:

Esto sí que no tiene misterio: pon la cantidad de fruta que te apetezca en un bol y añade tu yogur. Pon unos frutos secos y semillas por encima: siempre es agradable ese toque *crunchy*.

Para hacer el té matcha, calienta agua a unos 80 grados. Pon una cucharadita de té matcha en un bol y añade un poco del agua. Bate hasta que se disuelva bien el té. Vierte la solución en una taza y rellena con más agua, leche o mezcla de las dos.

★ ★ ★ Mi consejo ★ ★ ★

Puedes sacar la fruta media hora antes de comértela si quieres que esté más blanda.

Mis ricos entrantes

Sé que en la mayoría de las casas hemos crecido comiendo primero, segundo y postre. En la mía también fue así, pero hace tiempo que cambié esa costumbre por la de comer un solo plato o un entrante ligero y un plato principal. Me sienta mucho mejor y, la verdad, no veo necesidad en atiborrarnos a comer más. No diferencio entre comidas y cenas: cualquier plato es válido para unas y otras. Aunque si algún alimento me resulta pesado por la noche, entonces lo hago solo en los menús del mediodía. Aquí os dejo una selección de mis entrantes preferidos, que a veces, se convierten en cenas. Tengo muchos más: si queréis otras ideas, os invito a daros una vuelta por mi blog. En él, encontraréis mucha inspiración.

#entrantesHCS

Crema de coliflor y manzana con garbanzos especiados

Su sabor es suave y de lo más agradable. Incluso si eres de los que odian la coliflor (que los hay), dale una oportunidad, porque esta crema te va a sorprender. Su textura es cremosa y el punto que le da la manzana, sencillamente, perfecto. Aprovecho esta receta para dejar otra, la de los garbanzos especiados. Un acompañamiento ideal para cremas, purés, ensaladas y otros platos, pero también una buenísima opción como snack saludable para picotear.

Tiempo: 20 minutos. Raciones: 4

Ingredientes

PARA LA CREMA DE COLIFLOR Y MANZANA

- **1 coliflor.**
- **1 cebolla.**
- **1 manzana.**
- **1 vaso de leche de soja (o de vaca).**
- **1 cucharada de AOVE (aceite de oliva virgen extra).**
- **Agua.**

PARA LOS GARBANZOS ESPECIADOS:

- **250 gr de garbanzos cocidos.**
- **1 cucharadita de curry.**
- **1 cucharadita de comino molido.**
- **1/2 cucharadita de pimienta negra molida.**
- **Un chorrito de AOVE (aceite de oliva virgen extra)**

Elaboración de la crema:

1. Pica la cebolla y rehógala en una olla con el aceite de oliva.

2. Añade la coliflor y la manzana troceadas. Dales un par de vueltas con la cebolla y añade la leche y un poco de agua, lo justo para que cubra los ingredientes. Tapa, baja a fuego medio y deja que hierva durante unos 15 minutos.

3. Pasado el tiempo, pincha la coliflor para comprobar si está hecha y tritura bien hasta conseguir una textura cremosa. ¡Ojo!: antes de triturar, calcula si tienes que quitarle un poco de líquido para que no te quede muy aguada. Puedes quitarle un poco e ir añadiendo si te lo pide.

Elaboración de los garbanzos:

Escurre bien los garbanzos y deja que se sequen o pásalos por papel absorbente. Una vez secos, puedes prepararlos en la sartén o en el horno. Te explico las dos formas y tú eliges:

En el horno: pon los garbanzos en una fuente, añade un poco de aceite de oliva y una buena cantidad de las especias elegidas (en mi caso curry y comino). Mételos en el horno, previamente calentado a 220º, durante 10-15 minutos. A mitad de tiempo, abre el horno y mézclalos para que se tuesten bien por todos lados. Sácalos del horno y, si quieres, ponles un poco de sal. Espera a que se enfríen y guárdalos en un tarro hermético.

En la sartén: mezcla los garbanzos con el aceite y las especias. Vuélcalos a la sartén y saltéalos a fuego medio-fuerte para que se tuesten. Apártalos del fuego y, si quieres, ponles un poco de sal. Espera a que se enfríen y guarda en un tarro hermético.

★ ★ ★ Mi consejo ★ ★ ★
Vigila los garbanzos tanto en el horno como
en la sartén; si se calientan mucho empiezan
a «explotar». No te asustes, sácalos ya y listo.
Si los vas a consumir rápido, puedes guardarlos
en un tarro hermético de cristal fuera, pero si los
vas a tener unos días, mejor guárdalos en la nevera.
Puedes calentarlos un poco cuando vayas a comerlos.
Experimenta con otras especias y dales diferentes
sabores a tus garbanzos. Otra combinación
que me encanta es hacerlos tipo mediterráneas
con mucho orégano y albahaca, ummm...

Crema de calabaza asada con un toque de curry

Desde siempre, la crema de calabaza ha sido mi preferida. Todas las cremas de verduras me encantan, pero la de calabaza reconozco que no tiene rival. Normalmente hago las cremas hervidas con agua, pero ésta sube de nivel al asar las verduras en el horno. Su sabor se intensifica y obtiene más carácter. El toque de curry la lleva ya a otra dimensión.

Tiempo: 20 minutos   Raciones: 4

Ingredientes

- **1 kg de calabaza.**
- **3 zanahorias.**
- **1 cebolla.**
- **Un chorrito de AOVE (aceite de oliva virgen extra).**
- **Un poco de sal.**
- **1 cucharada de curry en polvo.**
- **1/2 litro de agua o caldo de verduras.**

PARA DECORAR:
- **Semillas de calabaza y girasol y unos brotes de alfalfa.**

Elaboración:

Precalienta el horno a 200° con calor arriba y abajo.

1. Pela la calabaza, quítale las semillas y pártela en cubos. Pela las zanahorias y trocéalas en rodajas gruesas. Quita la piel de la cebolla y pártela en cuatro trozos.

2. Pon papel vegetal en la bandeja de horno. Reparte las verduras sobre ella y añade un poco de sal, el curry en polvo y un chorrito de aceite de oliva sobre ellas. Pringa y mezcla bien todas las verduras con el aceite y el curry.

3. Mete al horno y deja que se cocinen durante 25 minutos (puede ser un poco menos dependiendo de cómo hayas cortado las verduras, hasta que la calabaza esté tierna).

4. Saca del horno, pon las verduras en la batidora y tritura mientras vas añadiendo agua o caldo hasta que consigas la textura que más te guste.

★ ★ ★ **Mi consejo** ★ ★ ★
Sirve con unas semillas de calabaza y brotes por encima.

Crema de calabacín y espárragos trigueros

Ligera, suave y deliciosa. Puedes comerla tanto en frío como en caliente. El calabacín le da suavidad y cremosidad mientras que los trigueros aportan su sabor y personalidad. No sé si me quedo con su versión fría o caliente: de las dos maneras me encanta.

Tiempo: 20 minutos   Raciones: 4

Ingredientes

- **2 manojos de espárragos trigueros.**
- **1 cebolla.**
- **2 calabacines.**
- **Un poco de sal.**
- **Una pizca de pimienta negra molida.**
- **2 cucharadas de AOVE (aceite de oliva virgen extra).**
- **1 litro de agua.**

Elaboración de la crema:

1. Retira la parte dura del tallo de los espárragos. Pártelos en trozos y reserva 2 o 3 puntas por persona para decorar. Reserva.

2. Pela los calabacines y trocéalos. Reserva.

3. Corta la cebolla en juliana y rehógala en una cazuela con el aceite. Añade los espárragos y el calabacín y rehoga todo un par de minutos.

4. Incorpora el agua, un poco de sal y de pimienta. Tapa parcialmente la cazuela y deja que se cocine unos 15 minutos.

5. Tritura la crema y pásala por el chino o pasapurés si quieres que te quede muy fina.

6. Saltea las puntas de los espárragos que has reservado y ponles un poco de sal. Pon un par de puntas sobre cada crema.

★ ★ ★ **Mi consejo** ★ ★ ★

Además de con las puntas de los espárragos, suelo acompañar esta crema con unas setas salteadas en la sartén. Le van increíble.

Ensalada de aguacate con langostinos y mayonesa saludable con lima

Esta ensalada siempre es un acierto. Es super fresquita y muy sencilla de hacer. El contraste del mango con el aguacate me gusta muchísimo, y el toque de la mayonesa de lima es sencillamente fantástico.

Tiempo: 15 minutos
Raciones: Te dejo los ingredientes para que calcules tú las raciones que quieres hacer. No hay una medida exacta, ponle las proporciones que te apetezcan

Ingredientes

- **Aguacates grandes.**
- **Mango.**
- **Langostinos crudos.**
- **Rúcula.**
- **Espinacas frescas.**
- **Cogollos de lechuga.**
- **Un poco de pimienta negra.**

PARA LA MAYONESA :

- **200 ml de AOVE.**
- **1 huevo,**
- **Un chorrito vinagre de manzana.**
- **Unas gotas de zumo de lima**
- **La ralladura de una lima**
- **Una pizca de sal.**

Elaboración:

1. Empieza por la mayonesa: pon en un vaso alto el huevo y el aceite. Mete la batidora en el vaso y pégala a la base. Mantén la batidora fija en el suelo del vaso y ponla en funcionamiento. Verás cómo se va emulsionando el aceite con el huevo y se va convirtiendo en mayonesa. Cuando veas que el aceite de la parte de arriba no se mezcla, levanta la batidora y muévela arriba y abajo para mezclar todo. Añade ahora un poco de sal, el vinagre de manzana, unas gotas de zumo de lima y su ralladura. Mezcla todo batiendo y listo.

2. Pela los langostinos y saltéalos en una sartén con unas gotas de aceite de oliva y un poco de sal. En cuanto cambien de color retira del fuego y trocéalos. Reserva.

3. Abre los aguacates por la mitad a lo largo, retira el hueso y mete una cuchara entre la piel y la carne para separarlos. Trocea en dados el aguacate y reserva la piel para rellenarla.

4. Pica la lechuga, las espinacas y la rúcula con un cuchillo para que queden en trozos pequeños.

5. Mezcla en un bol las lechugas picadas con el aguacate en dados y los langostinos troceados. Añade poco a poco la mayonesa de lima hasta conseguir la mezcla que te guste. Rellena las pieles del aguacate con la ensalada y listo.

★ ★ ★ **Mi consejo** ★ ★ ★
Sirve esta ensalada bien fresquita y con unos gajos de lima para ponérsela en el último momento.

Tabulé (ensalada de couscous)

El tabbule o tabulé es una ensalada típica de la cocina siria y libanesa
que tradicionalmente se prepara con bulgur (trigo), otros ingredientes frescos
como tomate, limón o menta, y se aliña con aceite de oliva.
No sabes lo que me gusta «tunear» esta receta. Mezclar en mi tabulé frutas con
verduras y diferentes especias, aliñarlo con aceite, limón y pimienta, y utilizar diferentes
granos, ya sea bulgur, couscous, mijo o quinoa. Puede que sea una de mis ensaladas
preferidas y, esta que dejo aquí, una de las combinaciones que más me guste. A veces
como entrante y otras como plato principal, ¡el tabulé no falla!

Tiempo: 15 minutos   Raciones: 2

Ingredientes

- **100 gr de couscous (o bulgur, quinoa o mijo).**
- **100 ml de agua o caldo de verduras.**
- **1 cucharadita de curry en polvo.**
- **1 cebolleta.**
- **2 tomates.**
- **1 pepino.**
- **1 mango o melocotón maduro.**
- **Un puñado de almendras picadas (u otro fruto seco como avellanas, anacardos o nueces).**
- **Un puñado de menta o hierbabuena picada.**

ALIÑO:
- **Aceite de oliva virgen extra.**
- **Unapizca de sal.**
- **Pimienta negra molida.**
- **Zumo de lima o limón.**

Elaboración:

1. Para hacer el couscous, coloca la sémola en un bol y reserva. Pon un cazo al fuego con el agua o caldo y añade una cucharadita de curry en polvo. En cuanto empiece a hervir, retíralo y viértelo por encima de la sémola de couscous. Cúbrelo con un plato o tapa y déjalo reposar 5 minutos.

2. Mientras se hidrata el couscous, prepara el resto de los ingredientes de la ensalada: pica muy fino la cebolleta, el pimiento verde y la hierbabuena. Pela y trocea el tomate, y haz lo mismo con el mango (o melocotón). Ralla el pepino o pícalo muy pequeño y, por último, pica el fruto seco que hayas elegido. Reserva todo.

3. Retira la tapa del couscous, añade un chorrito de aceite de oliva y ve rascando con un tenedor hasta que los granos queden sueltos.

4. Mezcla todos los ingredientes de la ensalada con el couscous y ya tienes el tabulé listo. Solo te faltará aliñarlo a tu gusto con aceite de oliva virgen extra, un poco de sal, pimienta y una buena cantidad de zumo de lima o limón. Prueba a rallarle corteza de limón por encima, ¡le da un toque muy guay!

★ ★ ★ Mi consejo ★ ★ ★

Si vas a hacer el tabulé con otro grano, cocínalo según sus instrucciones. El bulgur deberás cocerlo durante 7-8 minutos, la quinoa, 15 minutos, y el mijo, unos 20. En estos casos, añade el curry en el aliño.

Ensalada de lentejas con remolacha y zanahorias asadas

Os confieso que yo nunca he sido muy fan de las ensaladas. Pero resulta que un día descubrí que había más vida detrás de la ensalada mixta y entonces, todo cambió. Descubrí las deliciosas «ensaladas ilustradas», como yo las llamo. Con frutas, verduras, legumbres... y ¡un mundo entero de aderezos! Entonces sí, ahora puedo decir que una buena ensalada es un plato que *me vuelve loca*. Esta ensalada puedes comerla tanto en frío como en caliente, o ponerle unos ingredientes fríos y otros calientes. Mezclar frío y caliente en un mismo plato se ha convertido en todo un disfrute para mí.

Tiempo: 30 minutos   Raciones: 4

Ingredientes

- **400 gr de lentejas cocidas (puedes usar de tarro o caseras).**
- **12 zanahorias.**
- **6 remolachas pequeñas crudas (3, si son grandes).**
- **Rúcula.**
- **Queso feta.**
- **Mezcla de semillas (girasol, calabaza).**
- **Almendras crudas laminadas.**
- **Un poco de sal.**
- **Un poco de pimienta negra en molinillo.**

ALIÑO:
- **AOVE (aceite de oliva virgen extra).**
- **Zumo de limón.**
- **Pimienta negra.**

Elaboración:

Precalienta el horno a 250° con calor arriba y abajo.

1. Pela las zanahorias y córtalas por la mitad, a lo largo. Pela las remolachas y pártelas en 4 trozos cada una. Ponlas en una fuente y mételas en el horno previamente calentado durante 20-25 minutos. Pincha con un cuchillo para comprobar que la remolacha esté blanda.

2. Coloca una cantidad de rúcula en la base del plato. Pon las lentejas cocidas encima y, sobre ellas, las zanahorias y la remolacha asadas. Añade un poco de sal y pimienta negra molida. Desmiga queso tipo feta por encima y espolvorea una mezcla de semillas de girasol, calabaza y unas almendras laminadas.

3. Aliña cuando vayas a comer la ensalada con AOVE, zumo de limón y un poco de pimienta negra.

★ ★ ★ Mi consejo ★ ★ ★

Prueba a añadir algunas hierbas al asar las verduras.
Un poco de tomillo, romero, o algo de orégano les irá genial
y les dará un carácter especial.
También puedes añadir calabaza a esta ensalada.
Córtala en dados y ásala junto a las zanahorias y la remolacha.
En el aliño, a veces pongo un poco de cúrcuma, como media
cucharadita, y le da un toque especial que me encanta.
También puedes ponerle curry.

Quinoa con verduras y salsa de soja

Esta es una de las recetas que más hago en mi día a día. Es uno de mis básicos para comer o cenar. Voy variando las verduras, según lo que tenga en casa, y suelo aprovechar para terminar lo que me quede suelto por la nevera. Haz esta receta con tus verduras habituales y iverás qué fácil es y qué rica queda! Espero que se convierta también en uno de los habituales de tus menús.

Tiempo: 20 minutos   Raciones: 4

Ingredientes

- **200 gr de quinoa de colores (pesada en crudo).**
- **250 gr de calabaza cruda.**
- **1 cebolla.**
- **6 judías verdes.**
- **1 calabacín mediano.**
- **Un puñado de edamame (vainas de soja, también puedes ponerle guisantes en su lugar).**
- **Un trozo de jengibre fresco (de unos 2-3 cm de tamaño).**
- **Salsa de soja o tamari.**
- **Un poco de AOVE (aceite de oliva virgen extra)**

Elaboración:

1. Empieza lavando la quinoa bajo el grifo de agua. Escúrrela y ponla a cocer en un cazo con abundante agua hirviendo. En 15 minutos la tendrás lista. Cuela y reserva.

2. Pela la calabaza y córtala en dados de unos 2 cm de tamaño. Ponla en una bandeja de horno con un poquito de aceite de oliva y asa a 250° durante 15 minutos con el horno previamente calentado. También puedes hacer la calabaza en el microondas, 10 minutos a máxima potencia, o en el fuego con un poco de aceite hasta que se ablande, pero la verdad es que como asada en el horno no hay nada.

3. Cuece las vainas de soja (edamame) en abundante agua durante 5-6 minutos. Escurre y saca las habas de dentro. Reserva.

4. Mientras se hacen los pasos anteriores, prepara el resto de las verduras: pica la cebolla, pela y pica muy fino el jengibre, quita los filamentos de las judías y trocéalas, y parte el calabacín en trozos pequeños.

5. Saltea todas las verduras en la sartén con un poco de AOVE. Cuando empiecen a ablandarse, añade la calabaza asada, las habas de edamame y la quinoa escurrida. Pon un buen chorro de salsa de soja o tamari, mezcla bien y ilisto!

Por supuesto, puedes complicarte lo mínimo y hacer este plato salteando las verduras que tengas en la nevera en ese momento, mezclar con la quinoa cocida y un buen chorro de salsa de soja.
En 15 minutos lo tendrás listo. Yo te dejo aquí mi receta preferida, pero no es la que siempre hago.
Me gusta muchísimo añadir zumo de naranja y limón a este plato, le queda genial y te aconsejo que lo pruebes. Exprime una naranja, un limón y añade los zumos a la vez que la salsa de soja.
Ya verás qué toque exótico tan rico.
Puedes sustituir el jengibre por ajo, pero el punto que le da este no tiene comparación.
Yo empecé poniéndole un pelín y cada vez que hago este plato aumento la dosis.
Ya que enciendes el horno aprovecha para asar otras verduras y tenerlas hechas para otros platos.
Hay que ahorrar energía.

Hummus
de colores

Amo el hummus sobre todas las cosas.
En todas sus versiones, sabores y colores.
Este paté de garbanzos es capaz de alegrar mis platos, convertir mis tostadas
y bocadillos en jugosos y sabrosos bocados y, además, es uno de los *dips*
que más me gusta del mundo mundial para untar mis *crudités* de verduras
(zanahorias, apio, pepino, rabanitos, pimientos...). Y con esta declaración
de amor, te dejo 3 «recetazas» para que lo disfrutes en todo su esplendor.

**Tiempo: 10 minutos. Raciones: con estas cantidades te saldrá un
bol de tamaño medio-grande, suficiente para «dipear» entre 6 personas
o para acompañar diferentes platos.**

Ingredientes

HUMMUS TRADICIONAL:

- 400 gr de garbanzos cocidos (o un bote de garbanzos cocidos).
- 1 o 2 dientes de ajo.
- 2 cucharadas de tahini (pasta de sésamo).
- 1 cucharadita de comino molido.
- 2 cucharadas de AOVE (aceite de oliva virgen extra).
- Zumo de 1/2 limón.
- Una pizca de sal.
- Un poco de pimienta negra molida.
- 60 ml de agua (si se necesita).

HUMMUS DE ESPINACAS:

- 400 gr de garbanzos cocidos.
- 200 gr de espinacas frescas.
- 1 o 2 dientes de ajo.
- 1 cucharada de tahini (pasta de sésamo).
- 1 cucharadita de comino molido.
- 2 cucharadas de AOVE (aceite de oliva virgen extra).
- Zumo de 1/2 limón.
- Un poco de sal.
- Un poco de pimienta negra molida.
- Un poco de agua (si se necesita).

HUMMUS DE ZANAHORIAS:

- 400 gr de garbanzos cocidos.
- 200 gr de zanahorias cocidas.
- 1 o 2 dientes de ajo.
- 1 cucharada de tahini.
- 1 cucharadita de comino molido.
- 2 cucharadas de AOVE (aceite de oliva virgen extra).
- Zumo de 1/2 limón.
- Un poco de sal.
- Un poco de pimienta negra molida.
- Un poco de agua (si se necesita).

Si tienes que cocer los garbanzos, recuerda dejarlos a remojo con agua caliente desde la noche anterior. Después, cocínalos a la manera habitual. Yo los pongo con agua hirviendo 20 minutos en la olla exprés. Si utilizas garbanzos de bote no hará falta cocerlos, pero sí lavarlos bien bajo el grifo con agua fría.

1. Pon todos los ingredientes del hummus en el vaso de la batidora y tritura hasta conseguir una textura cremosa y suave. Abre la batidora, si fuera necesario para bajar lo que se quede en las paredes. Añade un poco de agua para ayudar a que baje, si ves que es necesario (pero cuidado de no pasarte o te quedará líquido).

2. Pon el hummus en un bol, haz unos surcos con la ayuda de una cuchara y vierte un chorrito de aceite de oliva virgen extra por encima.

— Hummus tradicional: ponle pimentón dulce.

— Hummus de espinacas: ponle unas aceitunas y ojos de menta.

— Hummus de zanahoria: trocitos de zanahoria y menta picada.

★ ★ ★ **Mi consejo** ★ ★ ★

Prueba a untar tus tostas con hummus, son otra dimensión.
Añádelo a tus platos como acompañamiento aderezar tus ensaladas, hazte un sándwich o ¡cómelo a cucharadas!

Guárdalo en la nevera en un tarro bien cerrado. También puedes congelarlo.
Recuerda que en el capitulo de «desayunos» te he contado cómo hacer hummus de remolacha; con ese ya tienes cuatro versiones en este libro.

Si les añades una cucharadita de bicarbonato, ayudará a que queden más tiernos.
Y no olvides que son la única legumbre que se debe cocinar con el agua ya hirviendo.

Bruschetta de tomates cherry asados y queso de cabra

Esta receta es una locura y no podía faltar en este libro. Capaz de elevarte a otra dimensión y hacerte disfrutar. Es como comerte el mediterráneo a bocados. ¡Absolutamente deliciosa!

Tiempo: 15 minutos   Raciones: 2

Ingredientes

- **250 gr de tomates cherry.**
- **2 dientes de ajo.**
- **1/2 cucharadita de tomillo.**
- **1/2 cucharadita de romero.**
- **1/2 cucharadita de orégano.**
- **1/2 cucharadita de albahaca.**
- **Un poco de pimienta negra molida.**
- **cucharada de AOVE (aceite de oliva virgen extra).**
- **1 rulo de queso de cabra.**
- **1 barra de un buen pan: de calidad, integral y crujiente.**

Elaboración:

Precalienta el horno a 220º con calor arriba y abajo.

1. Corta los tomates por la mitad y ponlos en una fuente con el aceite, el ajo laminado y todas las hierbas. Mezcla bien y mete en el horno precalentado a 220º durante 10 minutos.

2. Abre el pan por la mitad y coloca unas rodajas de queso de cabra en cada superficie. Mét-elo en el horno junto a los tomates para que se tueste y se derrita el queso. En cuanto lo haga, saca y reserva.

3. Saca todo del horno y reparte los tomatitos asados encima del queso derretido. No te olvides de rebañar bien las hierbas y el ajo y repartirlo sobre las tostas.

Coloca unas hojas de albahaca frescas por encima y ya isolo te queda disfrutarlo!

★ ★ ★ Mi consejo ★ ★ ★

Otra opción para hacer los tomates asados es el microondas. Si no tienes horno, puedes hacer los tomates al microondas: ponlos unos 7 minutos a máxima potencia.

Tater tots o bocaditos de patata y calabacín con salsa de tomate casera exprés

Me encanta el nombre de estos bocaditos en inglés, *¡tater tots!* y es que estos cilindros de patata son muy típicos en EEUU y en Reino Unido. Allí se hacen solo de patata y se fríen para que queden bien crujientes. Yo los hago al horno, que son mucho más saludables. Receta fácil donde las haya. No te imaginas lo buenos que están estos bocaditos. Me gusta hacerlos «alegres» de pimienta y servirlos con mi salsa de tomate casera exprés hecha en el microondas. Los hago para cenar o en mis mesas de picoteo. Puedes dejarlos preparados en la nevera y hornear media hora antes de servirlos. ¡A disfrutar estos deliciosos y divertidos tater tots!

**Tiempo: 35 minutos de cocer las patatas y 30 minutos de horno.
Raciones: unos 30-35 *tater tots*.**

Ingredientes

- **3 patatas medianas/ grandes (de unos 200 gr cada una).**
- **1 calabacín grande.**
- **Sal.**
- **Pimienta negra molida.**
- **Un poco de AOVE (aceite de oliva virgen extra).**

Elaboración:

1. Cuece las patatas con su piel en abundante agua hasta que estén tiernas. Tardarán unos 35 minutos a fuego medio y sabrás que están listas cuando al clavar un cuchillo estén tiernas por dentro. Saca las patatas y espera a que se templen un poco para quitarles la piel.

2. Ralla el calabacín, ponlo sobre un paño y aprieta para escurrirlo y quitarle el agua que suelte (esto es importante para que te queden firmes los tater tots). También puedes dejarlo escurrir media hora en un colador con un poco de sal. Pon el calabacín rallado y escurrido en un bol y ahora ralla las patatas peladas encima.

3. Añade sal y pimienta (a mí me gustan potentes de pimienta). Mezcla todo bien y forma los bocaditos cogiendo una porción de masa y apretando con las manos para darles forma cilíndrica. Colócalos sobre un papel vegetal en la bandeja del horno. Pincela cada bocadito con AOVE y mete al horno, previamente calentado a 220º, durante 25-30 minutos, hasta que los bocaditos estén dorados.

Sirve los tater tots con alguna salsa para untar como esta fantástica salsa de tomate exprés.

★ ★ ★ Mi consejo ★ ★ ★

*Es importante que ralles la patata, no vale aplastarla con un tenedor.
Los tater tots tradicionales se hacen solo con patata. En esta receta yo les he añadido calabacín; prueba a ponerle otras verduras ralladas como zanahoria, brócoli o coliflor.
Si los haces directamente, es normal que en el horno se expandan y aplasten un poco. Si quieres que te queden más redondos, mételos a enfriar en la nevera una hora antes de hornearlos.*

Salsa de tomate casera exprés en el microondas

Ingredientes:

- **1 lata grande de tomate natural triturado (500 gr).**
- **3 dientes de ajo.**
- **2 cucharadas de AOVE (aceite de oliva virgen extra).**
- **Una pizca de sal.**

Elaboración:

1. Vierte la lata de tomate en un bol apto para microondas.

2. Pela los ajos y aplástalos con el cuchillo. Añádelos al tomate junto con el aceite de oliva y una pizca de sal.

3. Mételos en el microondas y programa 20 minutos a máxima potencia. Cuidado al sacarlo, no te quemes. Remueve el tomate y verás cómo ha espesado. ¡Lista tu salsa de tomate exprés!

★ ★ ★ Mi consejo ★ ★ ★

Prueba a añadir alguna especia al tomate, como orégano, albahaca, tomillo o romero. Le dará un toque interesante y para algunos platos resultará delicioso.
Para estos bocaditos te sugiero que le pongas orégano al tomate, ummm... delicioso.
Guarda la salsa de tomate en un tarro hermético en la nevera. También puedes congelarla.

Mis platos principales

Esta es una selección variada de los platos que suelo poner en casa como principales. Son algo más elaborados. Cuando me apetece pasar un ratito en la cocina creando cosas ricas con paciencia y cariño, alguna de estas recetas suele «caer». Normalmente, las pongo como plato único. Algunos los acompaño con cereales como quinoa, bulgur, couscous o arroz. Otras veces, pongo una ensalada ligera por delante o una crema de verduras. Espero que disfrutes haciendo estas recetas tanto como lo hago yo. ¡Estoy segura de que van a ser un triunfo total!

#platosprincipalesHCS

Curry de verduras

En India, el curry no es solo una especia, es un guiso con salsa muy aromático que puede ser de carne, pescado o solo de verduras.
Tiene diferentes matices dependiendo de cada región.
Los guisos de curry, y sobre todo el de verduras, se han convertido en uno de mis platos preferidos. A veces lo hago monotemático, de una sola verdura, y otras mezclo varias, como en esta receta. Te aseguro un triunfo absoluto con este plato. Haz tus versiones añadiendo o quitando lo que prefieras, ¡la clave está en las especias!
Puede parecer que lleva muchos ingredientes y pasos; no te agobies porque muchos son especias y los pasos facilísimos. En 15-20 minutos tendrás tu fantástico curry preparado.

Tiempo: 20 minutos. Raciones: 4

Ingredientes

- 200 gr de acelgas frescas.
- 150 gr de judías verdes.
- 150 gr de espárragos trigueros.
- 100 gr de guisantes congelados.
- 4-5 mazorcas de maíz minis.
- 2 zanahorias.
- 1 cebolla.
- 1 diente de ajo.
- 10 gr de pasta de curry verde o amarillo (1 cucharadita de postre).
- 400 ml de leche de coco para cocinar (1 lata).
- 1 cucharadita de curry en polvo.
- 1 cucharadita de cúrcuma.
- 1/2 cucharadita de comino molido.
- 1/2 cucharadita de pimentón dulce.
- 1/2 cucharadita de canela.
- 1/2 cucharadita de nuez moscada.
- Un poco de sal.
- Un poco de pimienta negra molida.
- Un chorrito de AOVE (aceite de oliva virgen extra).
- Un poco de agua (si hiciera falta.

PARA SERVIR:

- Cebolleta, cilantro y frutos secos troceados (en la foto aparecen anacardos y pistachos).

1. Prepara las verduras. Retira la parte dura de los espárragos y trocéalos. Quita los filamentos de las judías verdes, córtalas por la mitad a lo largo y cada tira por la mitad. Pela las zanahorias y córtalas en rodajas finas. Trocea las mini-mazorcas de maíz y, por último, cuece los guisantes congelados en agua hirviendo durante 7-8 minutos. Escurre y reserva todo.

2. Calienta una sartén con un par de cucharadas de AOVE. Rehoga la cebolla y el ajo finamente picados hasta que se ablanden. Añade entonces la pasta de curry y remueve unos segundos para que se mezcle bien y suelte su aroma.

3. Incorpora ahora la leche de coco y todas las especias: el curry en polvo, la cúrcuma, el comino, el pimentón, la canela, la nuez moscada, un poco de pimienta negra molida y una pizca de sal. Remueve para que todo se integre bien. Pon la tapa y en cuanto empiece a hervir, añade todas las verduras que tienes reservadas.

4. Vuelve a tapar y deja que se cocine todo junto, hirviendo suave, unos 5-7 minutos. No creo que te pase, pero si ves que se queda un poco seco, añade un pelín de agua.

5. Para servir, ponle por encima la parte verde del tallo de la cebolleta picada, cilantro fresco y unos frutos secos picados (en la foto aparecen anacardos y pistachos).

El pan de pita y el arroz blanco, basmati o jazmín, siempre son buenos acompañantes para un plato de curry.

★ ★ ★ Mi consejo ★ ★ ★

*Me gusta que las verduras queden al dente. Córtalas finas
para que se hagan bien en ese tiempo de cocción.
Si las cortas gruesas tardarán un poco más en hacerse.
Las acelgas que utilizó son las que vienen en bolsas
frescas y limpias. Así me ahorro el paso de tener que
quitarles los filamentos.
Puedes ponerle guisantes frescos, pero en ese caso
los tendrás que cocer más tiempo antes, unos 20 minutos.
En el capítulo de «la despensa» explico qué es y dónde
comprar la pasta de curry. Si te resulta complicado
encontrarla, hasta que la tengas, sustitúyela por
1 cucharada sopera de curry en polvo.
En mi blog puedes ver otras versiones de curry que
me encantan, como el de berenjenas o el de acelgas.
Te invito a que los hagas también: atrapan a todo
el que los prueba.*

Lasaña vegetariana con boloñesa de lentejas y bechamel de calabacín

La primera vez que probé esta receta dije: «ole, ¡hacía tiempo que no comía una lasaña tan rica!». Me llegan a decir hace unos años que las lentejas se podían utilizar para hacer boloñesa y me hubiera entrado hasta la risa.

Os aseguro que esta lasaña es de otra galaxia y que no dejará indiferente a nadie. Me atrevo a decir que muchos no se darán cuenta ni de qué es el relleno. Haced la prueba con niños y veréis cómo la devoran. Es infalible.

La boloñesa vegana de lentejas que lleva esta lasaña la puedes utilizar para otros muchos platos como pastas y rellenos. Y ya que te metes en la cocina, te aconsejo que hagas esta lasaña de buen tamaño, pues dura bastantes días en la nevera, se puede congelar, y seguro que en casa te lo agradecerán.

Tiempo: 45 minutos. Raciones: 6

Ingredientes

PARA LA LASAÑA:

- 1 cebolla.
- 2 dientes de ajo.
- 1 rama de apio.
- 2 zanahorias.
- 250 gr de setas variadas.
- 400 gr de lentejas cocidas.
- 500 gr de salsa de tomate.
- 1 cucharada de orégano seco.
- 1 cucharada de albahaca seca.
- Un poco de AOVE
- Queso mozzarella para gratinar
(si quieres hacerla vegana ponle
levadura nutricional).

- Un puñadito de espinacas troceadas
(para ponerle por encima al final).
- 10-12 placas de lasaña precocidas.

PARA LA BECHAMEL DE CALABACÍN:

- 1/2 cebolla.
- 2 calabacines pelados
(elimina la parte verde).
- 200 ml de leche vegetal
o animal.
- Un chorrito de AOVE
(aceite de oliva virgen extra).
- Un poco de sal.
- Un poco de pimienta negra molida.
- Nuez moscada molida al gusto.

Empieza haciendo la bechamel de calabacín:

1. Trocea la cebolla y rehógala en un cazo con un poco de AOVE.

2. Pela el calabacín (este paso es importante para que la salsa bechamel te quede de color blanco y no verde), trocéalo y añádelo al cazo cuando la cebolla empiece a ablandarse. Tapa y deja cocer durante 10 minutos a fuego medio.

3. Añade la leche, una pizca de sal, un poco de pimienta, y nuez moscada rallada al gusto (a mí me gusta ser generosa con ella). Tapa de nuevo y deja que se cocine durante 10 minutos a fuego medio.

4. Tritura con la batidora y prueba cómo está de sal, pimienta y nuez moscada. Rectifica si hiciera falta. Reserva tu salsa bechamel.

Para hacer la lasaña:

1. Pica la cebolla, el ajo, el apio y las zanahorias en trozos muy pequeños y rehógalos en una sartén con un chorrito de AOVE.

2. Cuando esté ya todo pochado y bien blando, añade las setas troceadas. Dales unas vueltas y enseguida menguarán su tamaño.

3. Añade ahora las lentejas cocidas, la salsa de tomate, el orégano y la albahaca. Mezcla bien y cocina todo durante 10 minutos a fuego suave para que se integren los sabores. En este punto, prueba y añade un poco más de tomate si lo vieras necesario, evalúa si quieres ponerle un poco de sal o ajustar las especias.

4. Hidrata las placas de lasaña precocidas según las indicaciones del fabricante (suelen ser 10 minutos en agua caliente).

5. Coge una fuente apta para horno y monta la lasaña: pon un poco de bechamel en la base para que no se pegue y coloca placas de lasaña hidratadas cubriendo toda la superficie. Extiende por encima una cantidad de la boloñesa de lentejas. Pon ahora un poco de bechamel de calabacín y repite la operación poniendo otra capa de placas de pasta y cubriéndolas con el relleno de boloñesa. Haz capas y termina con lo que te quede de relleno de lentejas. Cubre con el resto de bechamel de calabacín y reparte una buena cantidad de queso mozzarella por encima.

6. Mete en el horno, que tendrás previamente calentado a 250° durante 15 minutos, hasta que el queso esté derretido y gratinado a tu gusto.

7. Por último, un toque que me encanta hacer al servir esta lasaña es espolvorear más orégano por encima y repartir unas espinacas frescas troceadas.

★ ★ ★ Mi consejo ★ ★ ★

La falsa bechamel de calabacín es uno de mis grandes descubrimientos
y la utilizo en muchísimos platos en sustitución de la salsa tradicional.
Calcula bien las cantidades de relleno y bechamel que tienes para que te dé
para cubrir la última capa superior. Suele ser muy habitual ser generoso
al principio y quedarnos escasos al final.
Si por alguna razón quieres camuflar las lentejas, solo tienes que aplastarlas
un poco y quedarán desintegradas.

Pollo al horno con mostaza y mandarinas

¡El toque cítrico que las mandarinas le dan al pollo es súper especial y me encanta!

Tiempo: 35 minutos   Raciones: 3 o 4

Ingredientes

- **3 muslos y 3 contramuslos de pollo.**
- **1 cebolla grande.**
- **2 cucharadas de mostaza en grano.**
- **Zumo de 1 naranja.**
- **Zumo de 1 limón.**
- **1/2 vaso de vino blanco.**
- **2 cucharadas de AOVE (aceite de oliva virgen extra).**
- **6 mandarinas en rodajas con piel.**
- **Un poco de sal.**
- **Pimienta negra molida.**
- **Tomillo.**
- **Romero fresco (puede ser seco si no tienes).**

Elaboración:

Precalienta el horno a 250 grados con calor arriba y abajo.

1. Pon el pollo sobre una fuente apta para horno. Salpimenta y añade el AOVE, la mostaza y un poco de tomillo. Mezcla bien, utilizando incluso las manos para que se pringue por todos lados. Añade ahí mismo los zumos de naranja y limón y el vino blanco.

2. Corta la cebolla en juliana fina y extiéndela en la fuente del pollo procurando que quede debajo de este.

3. Reparte por encima las mandarinas cortadas en rodajas y un poco de romero fresco. Es mejor que la fuente sea de tamaño ajustado y que quede todo apretado para que el resultado sea lo más jugoso. No te preocupes si parece pequeña porque cuando se cocine disminuirá de tamaño.

4. Métheloas al horno durante 35 minutos. A mitad del tiempo, abre y con una cuchara moja el pollo cogiendo líquido de la bandeja.

Me gusta servir este pollo acompañado de algún grano o cereal como bulgur, couscous o quinoa.

★ ★ ★ Mi consejo ★ ★ ★

Ajusta las cantidades de pollo y demás ingredientes según las raciones que quieras hacer. No tengas miedo por variar cantidades, porque esta receta es muy fácil que te quede bien.
Prueba un poco la salsa antes de hornear y ajusta lo que veas necesario.

Shakshuka

«Shakshuka», ¡otro nombre maravilloso que nos regala la cocina de Oriente Medio!
En Israel este plato es un clásico nacional y es muy habitual encontrarlo
en sus restaurantes. Para nosotros, podría ser un pisto de verduras con huevo.
La gracia de la shakshuka son sus especias, que le dan mucho carácter,
y ese toque picante a gusto de cada uno.
¡Ten en cuenta que la shakshuka se sirve en la misma cazuela en la que se cocina!

Tiempo: 30 minutos   Raciones: 4

Ingredientes

- 1 cebolla.
- 1 diente de ajo.
- 1 pimiento rojo.
- 1 calabacín.
- 1 berenjena.
- 800 gr de tomates maduros rallados.
- 1 hoja de laurel.
- 1 o más guindilla cayena machacada con el mortero (opción picante).
- 1 cucharadita de comino molido.
- 1 cucharadita de pimentón dulce.
- Una pizca de pimienta negra molida.
- Una pizca de sal.
- 2 cucharadas de AOVE (aceite de oliva virgen extra).
- 4 huevos.
- Un poco de queso feta (para servir).

Elaboración:

1. Prepara todos los ingredientes: pica muy fino la cebolla y el diente de ajo. Corta el pimiento, la berenjena y el calabacín en trozos pequeños de 1 cm de grosor, más o menos. Por último, ralla los tomates o pícalos muy finos con el cuchillo. Reserva todo.

2. Pon una sartén o cazuela al fuego con un poco de AOVE, recuerda que este será el recipiente donde sirvas tu shakshuka. Rehoga en ella la cebolla, el ajo y el pimiento.

3. Cuando empiecen a ablandarse, añade a la cazuela la berenjena y el calabacín. Cocina durante 10 minutos, hasta que la cebolla y el pimiento queden bien tiernos.

4. Incorpora ahora los tomates rallados o picados con el cuchillo. Añade también 1 hoja de laurel, 1 cucharadita de comino molido, 1 cucharadita de pimentón dulce, 1 (o más) guindillas cayena, un poco de pimienta negra molida y una pizca de sal. Mezcla bien y deja que se cocine todo a fuego suave durante 15 minutos, hasta que vaya espesando y se forme una salsa.

5. Antes de servir la shakshuka, haz unos huecos en la salsa y casca un huevo dentro de cada uno. Pon una tapa y deja que se cocinen a fuego suave unos 5 minutos, con cuidado de que la yema no se cuaje.

Para servir, espolvorea un poco de queso feta por encima.

★ ★ ★ Mi consejo ★ ★ ★

Cocina la shakshuka con paciencia, dejando que las verduras se hagan bien.

Para que la yema de los huevos te quede blanda, tápalos nada más ponerlos y el fuego no debe estar demasiado fuerte.

Risotto de espinacas y trigueros

Sin parar de remover y con santa paciencia tendrás este plato cremoso y delicioso listo en 20 minutos. Prueba a hacer tus risottos con otras verduras y colores. Si lo haces con calabaza te quedará de un divertido color naranja, y si le pones remolacha, tu risotto será rosa. ¡Lo importante es que no pares de remover!

Tiempo: 25 minutos   Raciones: 4

Ingredientes

- **300 gr de arroz arborio o carnaroli.**
- **400 gr de espinacas congeladas.**
- **1 manojo de espárragos trigueros.**
- **1 cebolleta.**
- **1 puerro.**
- **2 cucharadas de AOVE (aceite de oliva virgen extra).**
- **Un chorrito de vino blanco (opcional).**
- **Un poco de pimienta negra.**
- **1 litro de caldo de verduras o agua (puede ser un poco más).**
- **300 gr de requesón.**
- **1 rodaja pequeña de queso de cabra.**
- **Un poco de queso grana padano o parmesano para rallar por encima.**

Elaboración:

1. Descongela las espinacas un par de horas antes y trocéalas. Trocea también los espárragos. Reserva.

2. Calienta el caldo en un cazo y ponle un poco de sal. Mantenlo caliente para utilizarlo luego con el arroz. Este paso es muy importante, pues el caldo debe estar bien caliente para que salga bien el plato.

3. Pica finamente la cebolleta y el puerro y rehógalos en una cazuela con un par de cucharadas de aceite de oliva. Cuando la cebolla se ablande, añade las espinacas, los espárragos troceados y el arroz. Pon un poco de pimienta y rehoga todo un par de minutos.

4. Agrega un chorrito de vino blanco (medio vasito pequeño) y espera a que se evapore.

5. Ve añadiendo poco a poco el caldo al arroz, un cucharón cada vez, y remueve constantemente hasta que se vaya quedando sin líquido. Sigue añadiendo caldo cada vez que te lo pida y no dejes de remover para que el arroz suelte su almidón. Tardará unos 20 minutos en estar listo. El grano debe quedar hecho pero un poco al dente, y la textura debe ser cremosa.

6. Retira el risotto del fuego y añade ahora el queso de cabra y el requesón. Mezcla para que se derrita y le dé la untuosidad tan característica del risotto.

Ralla un poco de queso grana padano por encima y sirve inmediatamente. ¡El risotto no espera!

★ ★ ★ Mi consejo ★ ★ ★

Lo más importante en este plato es no dejar de remover nunca para que el arroz suelte su almidón. Haz movimientos suaves, no hace falta que convirtamos nuestro brazo en una batidora.
Como ves, en esta receta integro la sal en el caldo o arroz. El punto que tenga el caldo será el punto que tenga el arroz.

Pasta con pesto de albahaca y semillas de calabaza o con pesto de espinacas y nueces

¡Tu eliges qué salsa pesto te apetece más para tus platos de pasta! Los dos están increíbles, así que auguro una difícil decisión. El sabor de la albahaca es imbatible, claro que el de las espinacas y nueces no se queda atrás y son ingredientes más sencillos y accesibles... ¿Qué pesto eliges hoy?

Tiempo: 15 minutos   Raciones: 4

Ingredientes

- **500 gr de pasta (mejor integral).**
- **Un puñado de tomates cherry.**
- **Unas hojas de albahaca frescas.**

PARA EL PESTO DE ALBAHACA
Y SEMILLAS DE CALABAZA:

- **100 gr de hojas de albahaca fresca.**
- **60 gr de pipas de calabaza.**
- **60 gr de queso grana padano
(o parmesano).**
- **60 gr de AOVE
(aceite de oliva virgen extra).**
- **1 diente de ajo.**
- **Una pizca de sal.**
- **Unas gotas de zumo de limón
(opcional para evitar la oxidación).**

PARA EL PESTO DE ESPINACAS
Y NUECES:

- **250 gr de espinacas.**
- **1 diente de ajo pequeño.**
- **50 gr de nueces peladas.**
- **50 gr de queso grana padano
(o parmesano).**
- **50 gr de AOVE
(aceite de oliva virgen extra).**
- **50 gr de agua.**
- **Una pizca de sal.**

Elaboración:

1. Cuece la pasta hasta que esté tierna. Cuélala, pero ¡ojo!: ¡guarda un poco del agua de su cocción!

2. Prepara el pesto que hayas elegido: pon todos los ingredientes en el vaso de la batidora y tritura unos 30 segundos hasta conseguir una pasta homogénea. Debe quedar con una textura grumosa. Ten cuidado de no triturarla demasiado tiempo, pues la albahaca se oxida con facilidad y te quedaría una salsa de color oscuro. Añade más aceite, si quieres una textura menos densa.

3. Calienta la pasta añadiéndole un poco del agua de su cocción: con este truco te quedará más jugosa. Mezcla con la salsa pesto y añade unos tomates cherry cortados por la mitad y unas hojas de albahaca frescas.

★ ★ ★ **Mi consejo** ★ ★ ★

Guarda el pesto en un tarro con tapa en la nevera. Aguantará 4-5 días en perfecto estado. También puedes congelarlo en porciones y descongelarlo para consumirlo poco a poco. Utiliza también el pesto como aliño en tus ensaladas y como aderezo en tus tostas.

Noodles de arroz con verduras estilo oriental

Asia en tu mesa en 15 minutos. ¡Cómo me gusta ese punto agridulce de la cocina asiática!

Tiempo: 15 minutos   Raciones: 2

Ingredientes

- **200 gr de noodles de arroz.**
- **1 cebolla morada.**
- **1 trozo de jengibre de unos 2 cm (puedes sustituirlo por 1 o 2 dientes de ajo).**
- **1 pimiento rojo.**
- **1 calabacín pequeño.**
- **1/2 brócoli pequeño.**
- **150 gr de champiñones.**
- **Zumo de 1 naranja.**
- **Zumo de 1 limón.**
- **Salsa de soja o tamari.**
- **1 o 2 cucharadas de AOVE (aceite de oliva virgen extra).**
- **Semillas de sésamo.**
- **Un poco de cilantro fresco (opcional, al final).**

Elaboración:

1. Cuece los noodles según las instrucciones del paquete. Normalmente solo hace falta sumergirlos en agua hirviendo durante 2-3 minutos, pasarlos por agua fría para cortar la cocción y escurrir. Reserva.

2. Prepara las verduras: corta la cebolla en juliana, el pimiento en tiras, los champiñones en 4 trozos cada uno, trocea el calabacín en dados, separa los arbolitos del brócoli, y pela y pica muy fino el jengibre o el ajo.

3. Saltea todas las verduras juntas a la vez en una sartén a fuego vivo con un poco de aceite de oliva virgen extra. Con 5 minutos es suficiente, tienen que quedar al dente.

4. Añade los zumos de naranja y limón y un buen chorro de salsa de soja o tamari.

5. Incorpora los noodles a la sartén y mezcla bien con las verduras y la salsa. Al servirlos, espolvorea unas semillas de sésamo tostadas por encima y, si te gusta, un poco de cilantro fresco.

★ ★ ★ Mi consejo ★ ★ ★

Utiliza los noodles que más te gusten y cambia por otras pastas o por arroz cuando te apetezca.

Buddha Bowl

¡Llena tu vida de color con un buddha bowl! Estos platos tan bonitos se hacen combinando en un mismo plato o bol, ingredientes saludables con diferentes texturas, unos crudos y otros cocinados, pero siempre con predominio del mundo verde. Deben estar equilibrados y contener alimentos de todos los grupos. Hidratos, proteínas, fibra y grasas saludables se unen para llenar tu cuerpo de nutrientes. ¿Sabes por qué se llaman así? Porque, al estar tan llenos y regordetes, recuerdan a la tripa de Buda.

Tiempo: 20 minutos   Raciones: 2

Ingredientes

- 1 boniato grande
o 2 pequeños.
- 1/2 brócoli.
- 100 gr de quinoa
de colores.
- 1 aguacate maduro
grande o 2 pequeños.
- 8 champiñones.
- Un puñado de
espinacas baby.
- Hojas de lechuga
variadas.
- 2 huevos.
- Semillas de sésamo.

ALIÑO:
- AOVE (aceite de oliva
virgen extra), pimienta
negra molida y zumo
de limón

Elaboración:

1. Lava la quinoa y cuécela en abundante agua hirviendo durante 15 minutos. Escurre y reserva.

2. Asa el boniato. Si es en el horno, serán unos 15-20 minutos a 220°. Si lo haces en el microondas serán unos 8 minutos. Pero esto dependerá del tamaño de tu boniato: lo mejor es que pinches para comprobar si está hecho.

3. Separa el brócoli en ramilletes y hazlo al vapor o cocido durante 5 minutos. Reserva.

4. Haz el huevo a la plancha. Para ello, pon unas gotas de aceite en una sartén y casca el huevo. Tapa de inmediato y deja que se haga a fuego suave hasta que la clara se cuaje pero la yema siga blanda. Tardará muy poco.

5. Monta los buddha bowls: pon una base grande de verde con las espinacas y las hojas de lechuga. Pela el boniato y el aguacate y pon la mitad en cada bol. Reparte el brócoli y los champiñones laminados. Por una buena cantidad de quinoa y aliña con un poco de AOVE, pimienta negra molida y zumo de limón. Espolvorea unas semillas de sésamo o algún fruto seco por encima y ¡a disfrutarlo!

★ ★ ★ **Mi consejo** ★ ★ ★
Prueba a hacer mil combinaciones con tus buddha bowls, ¡la clave es que los llenes de color!

Pescado al horno con verduras estilo mediterráneo

Esta receta vale para cualquier pescado y es muy sabrosa. Mediterráneo puro en tu plato.

Tiempo: 30 minutos y el marinado del pescado.   Raciones: 2-4

Ingredientes

- **De 4 a 6 trozos de pescado (merluza, bacalao, dorada, caballa, lubina...).**
- **1 cebolla morada.**
- **1 diente de ajo.**
- **2 tomates pera.**
- **1/2 berenjena.**
- **1 cucharada de alcaparras.**
- **12 aceitunas negras.**
- **1 cucharada de orégano seco.**
- **Un poco de sal.**
- **Un poco de pimienta negra molida.**
- **Un chorrito de AOVE (aceite de oliva virgen extra).**
- **Un puñado de rúcula.**

PARA MARINAR EL PESCADO:
- **Zumo de 1 naranja y 1 cucharada de albahaca seca.**

Elaboración:

Precalienta el horno a 200 grados con calor arriba y abajo.

1. Mete los trozos de pescado en una bolsa de conservación y añade dentro el zumo de 1 naranja y una cucharada de albahaca. Cierra la bolsa y métela en la nevera al menos media hora, o mientras preparas las verduras.

2. Corta la cebolla, los tomates y la berenjena en rodajas no muy gruesas. Lamina el ajo. Pon las verduras en una fuente para horno y rocíalas con un chorrito de AOVE. Añade un poco de sal, pimienta negra y el orégano. Mezcla bien para que todas las verduras se pringuen. Distribúyelas por toda la bandeja de manera que quede la superficie plana. Métela al horno que ya tienes caliente 20 minutos.

3. Saca la bandeja de las verduras del horno y coloca encima el pescado. Vierte por encima el líquido del marinado. Vuelve a meter la bandeja en el horno y déjalo 10 minutos, hasta que el pescado esté hecho, pero tierno y suave por dentro. Cuidado con el tiempo: ten en cuenta que una vez que lo saques del horno, se seguirá cocinando un poco por dentro con el calor residual que tiene.

4. Reparte un puñado de rúcula por encima y sirve de inmediato.

Albóndigas de pavo con verduras, salsa española y espaguetis de calabacín con jengibre

Estas albóndigas, en su versión pollo y con algún ingrediente distinto, ha sido una de las recetas que más éxito ha tenido en la historia de mi Instagram. No podían faltar aquí.

Tiempo: 40 minutos. Raciones: 4

Ingredientes

PARA LOS ESPAGUETIS DE CALABACÍN:

- **1 calabacín.**
- **Un trozo de jengibre fresco de unos 3 cm.**
- **1/2 cucharada de AOVE (aceite de oliva virgen extra).**

PARA LAS ALBÓNDIGAS:

- **500 gr de pechuga de pavo entera. Puedes hacerlas también de pollo.**
- **1 calabacín pequeño o 1/2 grande.**
- **1 o 2 zanahorias.**
- **1/2 de brócoli.**
- **Un poco de sal.**
- **Una pizca de pimienta negra molida.**
- **Un poco de harina de avena u otra harina integral, para rebozar.**
- **Un poco de AOVE (aceite de oliva virgen extra).**

PARA LA SALSA ESPAÑOLA:

- **1 cebolla grande o 2 medianas.**
- **2 dientes de ajo.**
- **2 zanahorias.**
- **Un poco de AOVE (aceite de oliva virgen extra).**
- **800 ml de agua.**
- **Un poco de sal.**

Elaboración:

1. Empieza haciendo la salsa española: corta la cebolla en juliana, pica las zanahorias y el ajo finamente y ponlos en una sartén con un chorrito de AOVE y un poco de sal. Deja que se cocine todo a fuego medio hasta que esté bien pochadito. Pon la tapa para acelerar el cocinado y remueve de vez en cuando. Cuando la verdura esté blanda, añade el agua. Sube el fuego y cuando empiece a hervir, baja a fuego medio y deja que hierva destapado. Serán unos 15 minutos, hasta que se evapore parte del líquido. Tritura la salsa y ponla en una fuente o cazuela donde van a ir luego las albóndigas.

2. Mientras la salsa se está haciendo, aprovecha para preparar las albóndigas: limpia la pechuga de venitas o grasa que pueda tener. Deja solo la carne. Pártela en trozos y tritúrala con la batidora, Thermomix o el robot de cocina que tengas, hasta convertirla en picadillo.

3. Pon la carne en un bol, coge un rallador y ralla encima el calabacín, las zanahorias y el brócoli. Todo en crudo. Añade un poco de sal y de pimienta molida. Amasa con las manos para integrar todo bien.

4. Ve cogiendo porciones de carne y forma las albóndigas. Rebózalas en la harina y sacude para quitar el exceso.

5. Prepara una sartén con un poco de AOVE (que cubra la base de la sartén pero que no sea una piscina) y dora las albóndigas. Como el aceite no las cubre, muévelas para que se doren por todos lados. No las frías mucho, se terminarán de hacer por dentro con la salsa.

6. Pon las albóndigas en la fuente de la salsa y, antes de servir, dales un calentón y remueve bien para que se integren.

7. Por último, haz los espaguetis de calabacín. Para hacerlos, necesitarás tener un aparatito llamado *spiralizer* o una mandolina. Pica bien fino el jengibre y saltéalo en la sartén con media cucharada de AOVE. ¡Cuidado que no se queme, porque amargaría el plato! Añade los espaguetis de calabacín y dales un par de vueltas con el jengibre. Con unos segundos, basta.

Sirve tus riquísimas albóndigas en salsa con la guarnición de espaguetis de calabacín y ia triunfar!

★ ★ ★ Mi consejo ★ ★ ★

Para la salsa: si te queda muy espesa, es que has dejado reducir demasiado el agua. No pasa nada, añade un poco más de agua ahora.

No frías demasiado las albóndigas. Es mejor incluso que se queden un poco crudas por dentro, porque se terminarán de hacer cuando las calientes con la salsa.

La harina de avena se hace triturando los copos de avena con tu batidora. Así de fácil.

El aparato spiralizer *para hacer los espaguetis de calabacín lo encuentras en cualquier tienda de cocina y en grandes superficies. También puedes comprarlo por internet. Es muy fácil de localizar. Yo le saco chispas al mío.*

Cenas saludables y disfrutonas

¡Y aquí vienen unas cuantas ideas de cenas disfrutonas! Suculentas recetas para esos días en los que te apetece darte un capricho y hacerte algo muy rico para cenar.

#cenasHCS

Boniatos rellenos (3 opciones, 3 salsas)

Soy muy fan del boniato. Este tubérculo dulzón me tiene conquistada y lo utilizo en muchísimos platos. Una de las formas que más me gusta es hacerlo relleno y acompañado de alguna salsa. Admite mil opciones y aquí te dejo 3 de ellas con sus correspondientes salsas.

Tiempo: 20 minutos es el tiempo medio de preparación   Raciones: 1 boniato relleno

Ingredientes

Boniato relleno de garbanzos y espinacas al curry con salsa tzatziki:

• 1 boniato mediano.
• Un puñado de garbanzos cocidos.
• Un puñado de espinacas frescas.
• 1/2 cebolleta pequeña.
• 1/2 pepino.
• 2 o 3 mini-mazorcas de maíz.
• 1/2 cucharadita de curry en polvo.
• Una pizca de sal.
• 1 cucharadita de AOVE (aceite de oliva virgen extra).

SALSA TZATZIKI:
• 1 pepino.
• 2 yogures naturales.
• 1 diente de ajo.
• 1 cucharadita de eneldo.
• 4 hojitas de hierbabuena fresca.
• Unas gotas de zumo de limón.
• Un poco de sal.
• Un poco de pimienta negra.

Elaboración del boniato:

1. Asa el boniato en el horno o microondas. En el horno serán unos 20 minutos a 200° y, en el microondas, unos 10 minutos a máxima potencia.

2. Pica la cebolleta y saltéala en una sartén con el AOVE. Cuando empiece a ablandarse, añade los garbanzos ya cocidos, las espinacas troceadas, una pizca de sal y el curry. Remueve un par de minutos y retira del fuego.

3. Trocea muy pequeño el pepino y añádelo a la mezcla de garbanzos. Corta las mazorcas de maíz en pequeñas rodajas y mézclalas también.

4. Haz un corte en el boniato para abrirlo por la mitad y rellénalo con la mezcla de garbanzos y espinacas. Sírvelo acompañado de una rica salsa tzatziki.

Elaboración de la salsa tzatziki:

Ralla el pepino y mézclalo con los yogures en un bol. Añade el ajo rallado o muy picado, unas gotas de zumo de limón, una pizca de sal, otra de de pimienta negra molida y un poco de hierbabuena finamente picada. Mezcla bien y ya tienes tu salsa tzatziki lista.

Boniatos rellenos (3 opciones, 3 salsas)

Ingredientes

Boniato relleno de quinoa, trigueros y champis con salsa tahini y limón.

- 1 boniato.
- Quinoa cocida.
- Espárragos trigueros.
- Champiñones.
- Cebolla morada.
- 1 cucharadita de AOVE (aceite de oliva virgen extra).
- Sal.
- Pimienta.

SALSA TAHINI Y LIMÓN:
- 3 cucharadas de tahini (pasta de sésamo).
- Zumo de 1/2 limón.
- 1 cucharada de agua.
- Una pizca de pimienta negra molida.
- Una pizca de sal.

Elaboración del boniato:

1. Asa el boniato en el horno o microondas. En el horno serán unos 20 minutos a 200° y, en el microondas, unos 10 minutos a máxima potencia.

2. Parte los espárragos y los champiñones en trozos pequeños. Yo los pongo tal cual, en crudo, pero si quieres, pásalos por la sartén con un poco de aceite.

3. Corta la cebolla en juliana fina. Mezcla todos los ingredientes del relleno, añade una cucharadita de AOVE y un poco de sal y de pimienta.

4. Haz un corte en el boniato para abrirlo por la mitad y rellénalo con la mezcla de quinoa, trigueros y champis. Sírvelo acompañado de una rica salsa de tahini y limón.

Elaboración de la salsa tahini y limón:

Mezcla todos los ingredientes de la salsa y revuelve bien. Añade un poco más de agua, si la quieres más ligera.

Boniatos rellenos (3 opciones, 3 salsas)

Ingredientes

Boniato relleno de ensalada fresquita con salsa de aguacate y mostaza

- 1 boniato.
- 1/2 cebolleta.
- 1/2 pimiento verde.
- 4 pepinillos en vinagre pequeños.
- 4 tomates cherry.
- Unas hojas de lechuga.
- Un puñadito de espinacas frescas.
- 1/2 aguacate grande o 1 pequeño.
- Una rodajita de queso de cabra.
- Un poco de queso tipo feta.
- Unas hojas de albahaca fresca.
- Unas hojas de hierbabuena.
- Un chorrito de AOVE (aceite de oliva virgen extra).
- Una pizca de sal.
- Una pizca de pimienta negra molida.
- Zumo de 1/2 lima o limón.

SALSA DE AGUACATE Y MOSTAZA:

- 1 aguacate maduro.
- 1 cucharadita de mostaza de Dijon.
- Unas gotas de zumo de lima o limón.

Elaboración del boniato:

1. Asa el boniato en el horno o microondas. En el horno serán unos 20 minutos a 200° y en el microondas, unos 10 minutos a máxima potencia.

2. Pica muy fino la cebolleta, el pimiento, los pepinillos y las hojas verdes. Corta cada cherry en 4 trozos. Abre el aguacate por la mitad a lo largo, retira el hueso y saca la carne con la ayuda de una cuchara. Córtalo en dados y mezcla todos los ingredientes que ya tienes preparados.

3. Añade el queso de cabra en trocitos y unas hojas de albahaca y hierbabuena bien picadas. Aliña todo con un chorrito de AOVE, pimienta, sal y zumo de lima. Prueba y rectifica hasta que esté a tu gusto.

4. Haz un corte en el boniato para abrirlo por la mitad y rellénalo con ensalada que acabas de preparar. Sírvelo acompañado de una super deliciosa salsa de aguacate y mostaza.

Elaboración de la salsa de aguacate y mostaza:

1. Pela el aguacate, retira el hueso y aplasta la carne con la ayuda de un tenedor.

2. Mezcla con la mostaza y añade unas gotas de zumo de limón.

★ ★ ★ Mi consejo ★ ★ ★

Échale imaginación y utiliza estas tres salsas en otras recetas. Adereza ensaladas con ellas, aliña platos de verduras, pónselas a las hamburguesas y utilízalas como acompañamiento de carnes y pescados.
También puedes rellenar patatas asadas en lugar de boniatos.

Berenjenas rellenas de quinoa

¡En el mundo de las berenjenas rellenas, tu imaginación pone los límites!

Tiempo: 20 minutos   Raciones: 2

Ingredientes

- **2 berenjenas.**
- **125 gr de quinoa.**
- **1 cebolleta.**
- **1 diente de ajo.**
- **Un puñado de espinacas.**
- **30 gr de pasas.**
- **Un puñadito de nueces picadas.**
- **1 cucharadita de AOVE (aceite de oliva virgen extra).**
- **Un poco de sal.**
- **Una pizca de pimienta negra.**
- **Zumo de 1/2 limón.**

ACOMPAÑAMIENTO:

- **Salsa de tahini y limón (ver receta en la página 121).**

Elaboración:

Precalienta el horno a 250° con calor arriba y abajo.

1. Corta la berenjena por la mitad a lo largo y haz unos cortes diagonales en la carne para que penetre bien el calor. Puedes hacerla en el horno o en el microondas. Si es en el horno, ásalas a 250° durante unos 20-25 minutos. En el microondas, unos 12-15 minutos a máxima potencia.

2. Retira la carne de las berenjenas con la ayuda de una cuchara y con cuidado de no romper la piel, que luego rellenarás.

3. Mientras las berenjenas se asan, prepara el relleno. Lava la quinoa y cuécela en abundante agua hirviendo durante 15 minutos. Escurre y reserva.

4. Pica la cebolleta y el ajo y rehógalos en una sartén con un poco de AOVE. Añade las espinacas troceadas, las pasas, las nueces picadas y la quinoa ya cocida, y un poco de sal y de pimienta. Mezcla todo bien y añade el zumo de 1/2 limón.

5. Rellena las pieles de las berenjenas con la mezcla de quinoa y sírvelas acompañadas de salsa de tahini y limón (Ver receta de la salsa de tahini y limón en pág. 121).

★ ★ ★ Mi consejo ★ ★ ★

Si todavía no lo has hecho, incorpora las berenjenas rellenas a tu familia como uno más. Son perfectas para aprovechar cualquier sobra que tengas en la nevera. Admiten casi cualquier relleno, ya sea carne, pescado, legumbres, verduras, cereales o un mix de todas ellas.

Veggie burgers, las hamburguesas vegetarianas

¡Me parecen super divertidas! Declaremos la guerra a la comida rápida: ahora, en lugar de decir *«fast-food»*, podemos decir que esto es ¡*«fast-GOOD»*!

Tiempo: 30 minutos   Raciones: 6 hamburguesas

Ingredientes

Hamburguesa de quinoa

- 400 gr de quinoa cocida (2 tazas).
- 2 cucharadas de harina de garbanzos (se hace triturando garbanzos crudos).
- 1 cucharada de cebolla en polvo.
- 1 cucharada de ajo en polvo.
- 1 cucharada de orégano seco.
- 1/2 cucharada de pimentón dulce.
- 1 zanahoria rallada.
- 2 huevos.
- Unas gostas de AOVE (aceite de oliva virgen extra), para dorar en la sartén.

Elaboración:

1. Si no tienes la quinoa cocida, lávala y cocínala 15 minutos en abundante agua hirviendo. Escurre y deja que se enfríe.

2. Bate los huevos y mézclalos en un bol con el resto de ingredientes; que se impregnen todos los sabores.

3. Puedes hacer las hamburguesas de inmediato o dejar que repose un poco la mezcla en la nevera.

4. Forma las hamburguesas presionando la quinoa con las manos. Apriétalas bien para que luego no se deshagan.

5. Prepara una sartén al fuego con unas gotas de aceite de oliva. Cocina las hamburguesas un par de minutos por cada lado, lo justo para que se doren un poco por fuera y se calienten por dentro.

Sirve tus hamburguesas de quinoa con los acompañamientos que más te gusten. En mi caso, les he puesto lo clásico: lechuga, tomate y cebolla morada. Un poco de mostaza también les va muy bien.

★ ★ ★ Mi consejo ★ ★ ★

Te aconsejo comer esta hamburguesa sin pan y acompañada de una ensalada fresquita.
Puedes congelar las hamburguesas de quinoa sin problema. Para descongelarlas, sácalas a temperatura ambiente o dales un toque de microondas.
La harina de garbanzos la puedes hacer en casa muy fácilmente. Solo tienes que triturar con la Thermomix o con una batidora potente unos garbanzos crudos hasta que se conviertan en harina. Sencillísimo.

Veggie burgers, las hamburguesas vegetarianas

Ingredientes

Hamburguesa vegana de lentejas, boniato y arroz

- 200 gr de lentejas cocidas (20 minutos en olla exprés).
- 100 gr de arroz integral cocido (25-30 minutos).
- 200 gr de boniato asado (10 minutos en el microondas).
- 1 cucharadita de pimentón dulce.
- 2 cucharaditas de hierbas provenzales.
- 1/2 cucharadita de cúrcuma.
- 1 cucharadita de pimienta negra molida.
- Unas gotas tabasco (picante al gusto).
- Unas gostas de AOVE (aceite de oliva virgen extra), para dorar en la sartén.

PARA EL ACOMPAÑAMIENTO DE SALSA GUACAMOLE:

- 1 aguacate grande maduro.
- 1/2 cebolleta.
- 1 tomate.
- Zumo de 1/2 lima.
- Una pizca de sal.
- Una pizca de pimienta negra.
- Cilantro fresco picado.

Elaboración de la hamburguesa:

1. Primero, necesitas tener cocinadas las lentejas, el arroz y el boniato. Las lentejas se hacen en 20 minutos en la olla exprés. El arroz integral tardará 25-30 minutos hervido en agua. Y, el boniato, dependerá de su tamaño. Mételo tal cual en el microondas unos 8-10 minutos (pincha para comprobar que esté hecho).

2. Pela el boniato y ponlo en un bol junto con las lentejas y el arroz. Añade todas las especias: el pimentón dulce, las hierbas provenzales, la cúrcuma, la pimienta negra molida y unas gotas de tabasco si quieres un toque picantito. Mezcla bien todos los ingredientes. Utiliza un tenedor o las manos para aplastarlos y que queden bien integrados.

3. Coge una parte de la mezcla y haz una bola con las manos. Aplasta y moldea para darle forma de hamburguesa. Que te quede un poco gordita.

4. Pon una sartén al fuego con una gota de aceite de oliva. Dora las hamburguesas a fuego medio. Que se doren un poco por arriba y por abajo y que queden calientes por dentro.

5. Monta tu hamburguesa vegana entre pan y pan, acompañada de lechuga, cebolla roja y una deliciosa salsa guacamole.

Elaboración del guacamole:

1. Pela el aguacate y aplástalo con la ayuda de un tenedor.

2. Pica muy finamente la cebolleta y el tomate, añádelos al aguacate y adereza con sal, pimienta, zumo de limón y cilantro fresco picado.

★ ★ ★ **Mi consejo** ★ ★ ★

No lo quiero decir muy alto por si llega otra que la desbanca, pero creo que, a día de hoy, esta es mi hamburguesa vegetariana favorita.
Puedes preparar las hamburguesas con antelación y guardarlas en la nevera hasta que las vayas a hacer.

Verduritas al curry con huevo poché

Este sí que es uno de mis clásicos. No hay semana que no pasen por mi casa estos maravillosos cuenquitos de verduras y huevo: una de mis cenas preferidas.

Tiempo: 30 minutos   Raciones: 3

Ingredientes

- **1 cebolla morada.**
- **1 pimiento amarillo.**
- **1 calabacín.**
- **1 nabo.**
- **2 zanahorias.**
- **8 judías verdes.**
- **1/3 de brócoli.**
- **1 cucharada de curry en polvo.**
- **1 vaso de agua.**
- **3 huevos poché (o escalfados, que es lo mismo).**
- **2 cucharadas de AOVE (aceite de oliva virgen extra).**

Elaboración:

1. Corta todas las verduras de la forma que más te guste. Yo suelo cortar la cebolla en juliana, el pimiento, en tiras; el calabacín y el nabo, en cuadraditos; las zanahorias, en bastones; las judías, en trozos pequeños y el brócoli, en arbolitos.

2. Pon un poco de AOVE en un wok o sartén y saltea todas las verduras a la vez, a fuego vivo. Más o menos unos 5 minutos para que estén hechas, pero al dente.

3. Añade una cucharadita colmada de curry, un vaso de agua, sal y pimienta. Deja que hierva un par de minutos más, para que se evapore un poco el agua, y retira del fuego.

4. Mientras se cocinan las verduras, haz los huevos poché. Tienes varias opciones, pero para que te queden con una forma bonita y redonda, como de flor, esta es la mejor: extiende un trozo de film transparente sobre una taza, úntalo con una gotita de aceite y casca el huevo dentro del film. ponle un poquito de sal sobre la yema. Agarrando las cuatro esquinas de film, cierra formando un paquetito. Átalo con una cuerda o hilo procurando que no quede aire en su interior.

5. Pon un cazo con agua al fuego y, cuando empiece a hervir, mete los paquetitos de los huevos dentro. Cuenta 4 minutos exactos desde que hierve el agua con el huevo dentro y sácalos. Si los tienes más tiempo, la yema se te cuajará más.

6. Con cuidado de no quemarte, retira el film de los huevos y sírvelos encima de las verduritas que has repartido en cada cuenco.

★ ★ ★ **Mi consejo** ★ ★ ★

Aprovecha para utilizar las verduras que se te hayan quedado olvidadas en la nevera.

Tacos caseros de pollo marinado

Con esta receta en tu poder ya no te va a hacer falta comprar las tortillas de tacos industriales porque te chivo cómo hacerlos caseros de principio a fin. ¡No me digas que no son apetecibles para una cena de viernes noche con una buena peli!

Tiempo: 30 minutos y marinado. Raciones: unos 10 tacos.

Ingredientes

- **600 gr de pechugas de pollo.**

PARA EL MARINADO
DE PECHUGAS:

- **4 dientes de ajo.**
- **Zumo de 1 naranja.**
- **Zumo de 1 limón.**
- **3 cucharadas
de salsa de soja.**
- **1 trozo de jengibre fresco
(unos 3 cm).**
- **1/2 cucharadita de pimienta
negra molida.**
- **1 cucharadita de romero.**
- **1cucharadita de tomillo.**
- **1/2 cucharadita de comino en polvo.**

PARA HACER LAS TORTILLAS:

- **2 tazas de harina de espelta integral.**
- **1 cucharada de levadura en polvo.**
- **1/2 taza de agua.**
- **75 ml de aceite de oliva virgen extra.**
- **1 cucharadita de sal.**

ACOMPAÑAMIENTO:

- **Espinacas frescas.**
- **Cebolla morada.**
- **Cilantro.**
- **Limón.**
- **Salsa de aguacate y mostaza
(aguacate, mostaza y zumo de limón).
(Ver receta en página 122)**

Elaboración:

1. Empieza marinando las pechugas: mételas en una bolsa, como las que usas para congelar, con todos los ingredientes del marinado. Los ajos, aplástalos con el cuchillo para que suelten todo su aroma y, el jengibre, ponlo pelado y partido en dos trozos. Cierra la bolsa y dale un buen masaje con las manos para que las pechugas queden bien impregnadas. Mete la bolsa en la nevera y déjalo reposar toda la noche (o mínimo 2 horas).

2. Saca las pechugas de la bolsa y ponlas en una fuente para horno. Vierte el contenido del marinado en la fuente también. Hornea a 180º con calor arriba y abajo durante 1 hora y 15 minutos. Pasado el tiempo, saca las pechugas y desmígalas con la ayuda de un tenedor. Coloca en un bol y reserva.

3. Para preparar las tortillas de los tacos, mezcla en un bol la harina de espelta con la levadura y la sal. Añade el agua y el aceite. Mezcla bien con las manos hasta conseguir una masa homogénea (serán solo un par de minutos). Pon la masa en un bol, tápala con un trapo y déjala reposar media hora. Unta una superficie de tu tabla o encimera con un poco de harina, coge un trozo de la masa (como del tamaño de una albóndiga grande o de una pelota de golf), y estírala dándole forma redondeada y fina. Puedes ayudarte de un rodillo si te hiciera falta. Calienta una sartén antiadherente al fuego y cocina las tortillas por los dos lados. Ve guardándolas dentro de un trapo para que conserven el calor.

4. Ya solo te queda montar tus tacos. Sirve todo por separado y que cada uno se haga su taco a su gusto. A mí me gusta rellenar la tortilla con una base de hojas verdes como las espinacas y poner encima pollo, cebolla morada y cilantro fresco. Le pongo unas gotas de zumo de limón y un poco de salsa de aguacate y mostaza.

¡Delicia total!

★ ★ ★ Mi consejo ★ ★ ★

Puedes hacerte esta cena mucho más rápido sin marinar las pechugas y haciéndolas directamente en la sartén. Córtalas en trozos, añade algunas hierbas y ponlas en la sartén con un poco de aceite a fuego medio. Vete desmigando con la ayuda de un tenedor.

Pizza saludable con base de quinoa

¡Creo que no existe sobre la faz de la tierra una pizza más saludable que esta!

Tiempo: 40 min (30 de reposo de la masa y 10 de horneado).
Raciones: 2 personas (1 pizza grande o 2 pequeñas).

Ingredientes

PARA LA BASE
DE QUINOA

- **200 gr de quinoa (pesada en seco).**
- **2 tazas de agua hirviendo.**
- **40 ml de agua para triturar quinoa (1/4 de taza).**
- **Un poco de sal.**
- **1/2 cucharadita de orégano seco.**
- **1/2 cucharadita de albahaca seca.**

PARA LOS TOPPINGS
DE LA PIZZA:

- **Salsa de tomate casera (ver receta en pág 87)**
- **Mozzarella.**
- **Tomates cherry.**
- **Salsa pesto.**
- **Albahaca fresca.**
- **Rúcula.**

Elaboración:

Para hacer la masa de la pizza, precalienta el horno a 220°, con calor arriba y abajo

1. Lava bien la quinoa con agua fría y escurre.

2. Mezcla la quinoa lavada con las dos tazas de agua hirviendo. Tapa y deja reposar 30 minutos (puedes dejarla toda la noche).

3. Pasado el tiempo, escurre la quinoa, pero reserva 40 ml (1/4 de taza) de ese agua para hacer la masa de la base.

4. Pon la quinoa en el vaso de tu batidora o Thermomix, añade esos 40 ml, un poco de sal, orégano y albahaca. Tritura con paciencia hasta conseguir una textura uniforme. La masa quedará un poco líquida pero no te preocupes: podrás darle forma.

5. Coloca un papel vegetal sobre la bandeja del horno y pincélalo con un poco de aceite de oliva. Vierte la masa sobre él. Como estará bastante líquida, tendrás que ir dándole forma redonda con la ayuda de una espátula o de una cuchara. También puedes utilizar un molde.

6. Mete la bandeja con la masa en el horno, que deberás tener previamente calentado a 220°. Deja que se haga durante 10 minutos, hasta que esté dorada.

7. Saca la base del horno, dale la vuelta y pon los ingredientes de tu pizza por encima. Hornea otros 5 o 10 minutos, para derretir el queso, iy ya tendrás lista tu súper pizza ultra-saludable de quinoa!

8. Una vez fuera del horno, ponle por encima unas hojas de albahaca frescas y un poco de rúcula.

★ ★ ★ **Mi consejo** ★ ★ ★

La masa de quinoa estará bastante líquida antes de hacerla; dale forma con cariño y paciencia y verás cómo se transforma en el horno.

Croquetas de mijo

¡Las croquetas veggies! Merecerá la pena el tiempo que vas a emplear en hacerlas, eso te lo aseguro. Su éxito es rotundo, te lo digo por experiencia.

Tiempo: 40 min   Raciones: 25 croquetas

Ingredientes

- **250 gr de mijo.**
- **70 gr de garbanzos crudos (para hacer harina).**
- **1 cebolla.**
- **1 diente de ajo.**
- **3 zanahorias.**
- **10 gr de jengibre fresco (un trozo como la yema de un dedo).**
- **4 gr de curry (1 cucharadita de café).**
- **Un poco de sal.**
- **Un poco de AOVE (aceite de oliva virgen extra).**
- **Un poco de pimienta negra molida.**

Elaboración:

1. Prepara la harina de garbanzos: para ello solo tienes que poner los garbanzos crudos en la trituradora (Thermomix o cualquier otro robot) y triturar a máxima potencia durante unos segundos. Abre y comprueba que ha quedado un polvo suave sin grumos, tipo harina. Reserva.

2. Pon una olla al fuego con abundante agua y, cuando empiece a hervir, añade el mijo. La cantidad de agua debe ser, por lo menos, el triple que la de mijo. Cocina durante 20 minutos hasta que el mijo esté hecho. Escurre con un colador y reserva.

3. Pica la cebolla y el ajo muy finamente. Pon una sartén al fuego con unas gotas de AOVE y cocínalos a fuego medio hasta que la cebolla esté bien pochada.

4. Pela el jengibre y las zanahorias. Rállalos y añádelos a la sartén con la cebolla. Cocina un rato más para que la zanahoria se vaya ablandando.

5. Añade ahora una cucharadita de curry, un poco de sal, un poco de pimienta negra molida y 2 cucharadas de la harina de garbanzos que has hecho al principio (el resto resérvala para rebozar). Mezcla bien.

6. Pon el contenido de la sartén en un bol y añade el mijo. Mézclalo bien hasta que quede todo integrado.

7. Utiliza las manos para hacer la forma de las croquetas. Ve cogiendo un poco de la mezcla de mijo y dale forma redonda o alargada, como prefieras. Tendrás que apretar un poco para que te quede firme.

8. Reboza con cuidado cada croqueta en la harina de garbanzos que tienes reservada.

9. Pon una sartén al fuego con unas gotas de AOVE y, cuando esté caliente, ve dorando las croquetas a fuego medio. Dales la vuelta para que se doren por todos lados. No hace falta utilizar mucho aceite, ve añadiendo a gotas si te va pidiendo más para dorar cada croqueta.

★ ★ ★ **Mi consejo** ★ ★ ★
Las croquetas de mijo se pueden congelar. Aprovecha para hacer una gran cantidad y tenerlas siempre preparadas. Se descongelan muy rápido.

Tosta de aguacate con huevo poché

¡The one and only! ¡The very best one! No necesita presentación, porque ella es la reina del lugar. La mejor tosta del mundo mundial.

Tiempo: 5 min   Raciones: 2

Ingredientes

- **2 rebanadas de pan integral (de espelta, centeno, trigo...).**
- **1 aguacate maduro.**
- **2 huevos.**
- **Una pizca de sal.**
- **Una pizca de pimienta negra.**
- **Unas gotas de zumo de lima.**
- **Un poco de AOVE (aceite de oliva virgen extra).**

Elaboración:

Hay varias formas de hacer un huevo poché y aquí te voy a explicar dos:

1. Casca un huevo en un cuenco pequeño y reserva. Pon agua al fuego en un cazo. Cuando empiece a hervir retira del fuego. Haz un remolino fuerte revolviendo con una cuchara y vierte poco a poco el huevo que tienes en el cuenco. Una vez dentro el huevo, vuelve a revolver con la cuchara, pon una tapa y déjalo reposar durante 3 minutos exactos. Pasado el tiempo, retira la tapa y saca tu huevo escalfado con la ayuda de una espumadera.

2. La otra forma es esta: extiende un trozo de film transparente sobre una taza, húndelo un poco hacia dentro y úntalo con una gotita de aceite para que no se pegue. Casca el huevo dentro del film y añade un poquito de sal en la yema. Agarrando las cuatro esquinas, cierra el film formando un paquetito. Procura que no quede aire en su interior. Ciérralo con una cuerdita o hilo. Pon un cazo con agua al fuego y, cuando empiece a hervir, mete el paquetito con el huevo dentro. Cuenta 4 minutos exactos desde que empiece a hervir y sácalo. Cuidado de no pasarte con el tiempo o la yema se te hará demasiado. Abre tu paquete y saca el huevo con cuidado.

Tuesta el pan y pon un chorrito de AOVE sobre él, un poco de rúcula, medio aguacate en rodajas, un poco de sal, pimienta y unas gotas de zumo de limón. Coloca ahora encima el huevo poché y ¡a disfrutar como un loco!

★ ★ ★ Mi consejo ★ ★ ★

Si tienes problemas para hacer el huevo poché, en mi Instagram –@hoycomemossano– te espera un vídeo donde te enseño cómo hacerlo. Entra y, si no lo ves, ¡pregúntame!
Por cierto, si todavía no lo sabes, el huevo escalfado y el huevo poché son la misma cosa.

Brochetas de salmón marinadas

Las brochetas siempre me han parecido una forma divertida de comer. Se pueden hacer de mil cosas, son rápidas, fáciles y siempre quedan vistosas. Verás qué ricas estas brochetas de salmón que llevan un marinado especial.

Tiempo: 5 min   Raciones: 2

Ingredientes

- **300 gr de salmón fresco.**
- **2 cucharadas de salsa de soja.**
- **4 cucharadas de zumo de limón.**
- **Un trozo de jengibre fresco (unos 2 cm).**
- **1 cucharadita de postre de mostaza de Dijon.**
- **Un poco de eneldo fresco (seco si no tienes).**
- **Un poco de AOVE (aceite de oliva virgen extra).**

ACOMPAÑAMIENTO:

- **Salsa pesto de espinacas y nueces (ver receta en pág 104), o salsa aguacate y mostaza (ver receta en pág 122).**

Elaboración:

Si vas a usar palos de brocheta de madera, es importante que los pongas a remojar en agua fría mínimo 30 minutos antes de hacerlas para que no se quemen.

1. Corta el salmón en tacos. Mételos en una bolsa de las que utilizas para congelar y añade la salsa de soja, el zumo de limón, el trozo de jengibre, la mostaza y el eneldo. Masajea suavemente y deja reposar en la nevera un mínimo de 30 minutos. Puedes dejarlo de un día para otro.

2. Monta las brochetas pinchando los tacos de salmón en ellas. Prepara una sartén con unas gotas de aceite de oliva y, cuando esté caliente, haz las brochetas. Que se doren por todos lados. Cuidado: no las hagas demasiado o te quedarán secas.

Puedes acompañar estas brochetas de una salsa de pesto de espinacas y nueces (ver receta en pág 104) o de la salsa aguacate y mostaza (ver receta en pág 122).

★ ★ ★ **Mi consejo** ★ ★ ★

Ojo: calcula el tamaño de la sartén antes para que los palos de las brochetas quepan enteros en ella.

Pastel de verduras esponjoso con salsa de tomate y pimiento

¡Suave, ligero y esponjoso! Sin nata ni mantequilla. Aprovecha todas las verduras que tengas danzando por la nevera para hacerte un rico pastel de verduras.

Tiempo: 55 minutos (15 de preparado y 40 de horneado). Raciones: 4 – 6.

Ingredientes

PARA EL PASTEL:

- **5 huevos.**
- **3 claras.**
- **1 cebolleta.**
- **1 pimiento verde.**
- **1 calabacín.**
- **1/2 brócoli pequeño.**
- **7 – 8 judías verdes.**
- **4 cucharadas de queso fresco batido 0%.**
- **Un poco de queso feta.**
- **Un poco de sal.**
- **Una pizca de pimienta negra molida.**
- **1 o 2 cucharadas de AOVE (aceite de oliva virgen extra).**

PARA LA SALSA DE TOMATE Y PIMIENTO:

- **4 tomates grandes y maduros.**
- **1 cebolleta grande.**
- **1 pimiento rojo.**
- **Una cucharadita de orégano.**
- **1 cucharada de AOVE (aceite de oliva virgen extra).**

Elaboración del pastel:

Precalienta el horno a 160º, con calor arriba y abajo.

1. Pica muy finamente la cebolleta y el pimiento verde. Trocea el calabacín en dados pequeños. Quita los filamentos a las judías y trocéalas pequeño también. Pica el brócoli con un cuchillo o, si lo prefieres, rállalo.

2. Rehoga todas las verduras en una sartén con un poco de AOVE, hasta que están tiernas.

3. Bate bien los huevos hasta que queden espumosos. Añade el queso fresco batido y vuelve a batir.

4. Mezcla las verduras con los huevos, añade sal y pimienta y un poco de queso feta desmigado. Mezcla todo bien y vierte en un molde, si no es de silicona recuerda que deberás engrasarlo con un poco de aceite para que no se te pegue el pastel y puedas desmoldarlo.

5. Mete el pastel en el horno al baño maría, poniendo una fuente con agua y dentro el molde con el pastel. Hornea durante unos 40-45 minutos. Pasado el tiempo, comprueba si está hecho clavando un cuchillo o un palo de brocheta. Si sale limpio es que está hecho, si no, déjalo unos minutos más.

Elaboración de la salsa de tomate y pimiento:

1. Pela la cebolla y córtala en juliana. Abre el pimiento por la mitad, retira las pepitas y trocéalo en tiras.

2. Pon una sartén al fuego con un poco de aceite de oliva y rehoga la cebolla y el pimiento.

3. Trocea los tomates, incorpóralos a la sartén y deja que se vaya pochando todo a fuego medio, durante 15 minutos.

4. Añade el orégano, ponle un poco de sal si lo consideras necesario y mezcla bien. Retira y tritura la salsa. Si ves que te queda muy espesa, añade un poco de agua. Pásala por el pasapurés para dejarla más fina y quitar los pellejos del tomate.

★ ★ ★ Mi consejo ★ ★ ★
Una de las claves para que quede
esponjoso el pastel es batir bien los
huevos, así que dale a la muñeca hasta
que queden bien espumosos.
Es importante hacer el pastel al baño
maría para que no se te queme la base.
Puedes servirlo tanto en caliente
como en frío y acompañarlo de una
rica salsa de tomate y pimiento
con un toque de orégano.

Dulces tentaciones saludables

Sí, existen los dulces saludables y aquí tienes unos cuantos para desmayar al personal. Cuidado que muchos de ellos son adictivos y el resto, ¡irresistibles!

#dulcesHCS

Brownie de chocolate y aguacate

Si eres de los que no puedes reprimir tu adicción al chocolate, este brownie va a aliviar todos tus males. Con aguacate, sí. El aguacate es tan maravilloso que sirve hasta para hacer recetas dulces y dejarlas deliciosamente cremosas ummmm...

Tiempo: 30 min (15 min y 15 min de horneado)   Raciones: 15 cuadrados

Ingredientes

- **80 gr de chocolate al 75%.**
- **8 dátiles sin hueso.**
- **2 aguacates maduros medianos.**
- **2 huevos (o un plátano muy maduro si lo quieres hacer vegano).**
- **60 gr de harina de almendras.**
- **80 gr de harina de espelta integral (puede ser de trigo integral).**
- **1 cucharadita de levadura.**
- **Una pizca de sal.**
- **100 gr de nueces.**
- **Un poco de harina y canela para rebozar las nueces.**

Elaboración:

Precalienta el horno a 180º con calor arriba y abajo

1. Derrite el chocolate al microondas en intervalos de 30 segundos para evitar que se queme. Abre el microondas, remueve y vuélvelo a poner hasta que se derrita.

2. Pon los dátiles a remojo en agua caliente durante 5 segundos, para hidratarlos y que se ablanden. Escurre y reserva.

3. Pica las nueces en trozos irregulares. Mezcla un poco de harina con canela en un bol y reboza las nueces picadas en ellas. Sacúdelas para quitar el exceso de harina y reserva.

4. Pon todos los ingredientes del brownie (menos las nueces rebozadas) en la vaso de la batidora o Thermomix y tritura unos segundo hasta conseguir una masa homogénea.

5. Vuelca la masa en un bol, añade las nueces picadas que tienes reservadas e intégralas en la masa revolviendo con una espátula.

6. Coloca la masa del brownie en un molde, aprieta un poco para que quede compacta y hornea durante 15 minutos con el horno ya caliente.

★ ★ ★ **Mi consejo** ★ ★ ★

Espera a que se enfríe un poco para desmoldarlo y cortarlo en cuadrados.

Crema de cacao y avellanas (la Nutella saludable)

Leche, cacao, avellanas y... ¡dátiles! Da la bienvenida a tu vida a esta deliciosa crema de cacao saludable.

Tiempo: 10 min   Raciones: 1 bote mediano

Ingredientes

- **200 gr de avellanas crudas.**
- **8 dátiles sin hueso.**
- **120 ml de leche (vegetal o animal).**
- **40 gr de cacao puro sin azúcar (3 cucharadas).**
- **Una pizca de sal.**
- **2 cucharadas de aceite de coco.**
- **1/2 cucharadita de esencia de vainilla (opcional).**

Elaboración:

1. Pon los dátiles a remojo en agua caliente durante 5 minutos para hidratarlos y que se ablanden. Escurre y reserva.

2. Si el aceite de coco está sólido, derrítelo en el microondas para que se licue.

3. Pon todos los ingredientes en el vaso de tu batidora y tritura hasta conseguir una textura cremosa y deliciosa. Añade un poco más de leche si ves que hiciera falta. Igual tienes que abrir un par de veces para bajar lo que se queda en las paredes con una espátula.

★ ★ ★ **Mi consejo** ★ ★ ★

Cuanto más potente sea tu batidora, mejor y más fácilmente harás tu crema de cacao.

Crema de cacahuete

Crema, mantequilla... Llámala como quieras, pero llámala. Para untar en tostadas, para mezclar en aliños, como ingrediente en muchos dulces saludables, para añadir una cucharadita a mi porridge mañanero y mis boles de fruta... Tan fácil de hacer que no te lo vas a creer: solo necesitas un ingrediente y punto.
Cuidado, porque... ilas cremas de frutos secos son un vicio!

Tiempo: 10 min   Raciones: 1 bote de 500 gr

Ingredientes

- **500 gr** de cacahuetes crudos (naturales, sin tostar).

Elaboración:

Precalienta el horno a 180º, con calor arriba y abajo.

1. Coloca los cacahuetes crudos y pelados en una bandeja o fuente de horno y tuéstalos 7-8 minutos, hasta que estén un poco doraditos, pero con cuidado de que no se quemen porque podrían amargarse.

2. Sácalos del horno y deja que se enfríen.

3. Pon los cacahuetes tostados en un procesador, trituradora o en la Thermomix (es importante que se potente para que resulte fácil y rápido). Tritura a máxima potencia durante 10-12 minutos. Para la máquina de vez en cuando para dejarla respirar y que no se queme. Aprovecha para bajar con una espátula lo que se haya quedado por las paredes y continúa triturando.

4. El resultado será una pasta o mantequilla con una textura suave y untuosa. Si te quedan grumos, tritura unos minutos más. Recién hecha queda bastante líquida, pero al enfriarse se espesará un poco. Guárdala en un tarro de cristal hermético en la nevera y, ia disfrutarla!

★ ★ ★ **Mi consejo** ★ ★ ★
Cuanto más potente sea tu robot de cocina,
mejor te quedará y más fácil te resultará hacerla.
Prueba a hacerla con otros frutos secos, como almendras,
avellanas o anacardos.
Puedes hacer tu mantequilla de fruto seco sin tostar.
Te quedará más clara y con sabor menos intenso,
pero igual de rica.

Energy balls o tus bombones saludables

Llévate estas bolitas a la oficina, al colegio, al gimnasio o de paseo. ¡Serán el mejor tentempié de media mañana o de tarde!

Tiempo: 15 min   Raciones: 15 unidades

Ingredientes

- **75 gr de anacardos crudos.**
- **75 gr de almendras.**
- **250 gr de dátiles sin hueso (unos 35 dátiles).**
- **2 cucharadas de cacao en polvo sin azúcar.**
- **1 cucharada de aceite de coco o AOVE (aceite de oliva virgen extra).**
- **1 pizca de sal.**
- **1 cucharadita de esencia de vainilla.**
- **1/2 cucharada de canela.**
- **Coco rallado para rebozar las bolitas (opcional).**

Elaboración:

1. Pon los dátiles a remojo en agua caliente durante 10 minutos, para que se hidraten y se ablanden. Escúrrelos.

2. Si vas a utilizar aceite de coco, ten en cuenta que debe estar líquido. Si lo necesita, mét-elo unos segundos al microondas.

3. Pon todos los ingredientes (menos el coco rallado) en un procesador de alimentos potente (batidora, Thermomix...) y tritura durante 3 minutos hasta conseguir una pasta homogénea bien integrada.

4. Ve cogiendo porciones de masa con las manos y forma las bolitas.

5. Puedes dejarlas así o rebozarlas en coco rallado para darles un último toque de sabor.

★ ★ ★ Mi consejo ★ ★ ★

Guarda tus energy balls en un tarro cerrado en la nevera; te durarán mucho tiempo perfectas. Sácalas mínimo 15 minutos antes de comerlas para disfrutar de todo su sabor.

Cookies de avena y plátano con pepitas de chocolate

Su textura es blandita como bizcochitos. Si las calientas unos segundos en el micro el chocolate se derretirá.

Tiempo: 30 min   Raciones: unas 15 galletitas

Ingredientes

- **1 plátano maduro.**
- **200 gr de compota de manzana.**
- **140 gr de copos de avena suaves.**
- **2 cucharadas de sirope de agave (o miel).**
- **Pepitas de chocolate (cantidad a ojo, según cuánto chocolate se quiera).**

Elaboración:

1. Precalienta el horno a 200°, con calor arriba y abajo.

2. Pon el plátano en un bol y aplástalo con la ayuda de un tenedor hasta que te quede una pasta.

3. Incorpora la compota de manzana, el sirope de agave, la avena y las pepitas de chocolate (reserva alguna para decorar). Mezcla bien hasta conseguir una pasta homogénea.

4. Ve cogiendo porciones de masa con la mano y forma bolitas. Aplástalas para darles forma de galleta. Que queden gorditas para que la parte de dentro esté jugosa. No te preocupes si notas la masa pegajosa y blanda, te quedarán bien. Luego en el horno se quedarán más consistentes. Decora cada galleta incrustando unas pepitas de chocolate por encima.

5. Coloca las galletas en una bandeja de horno con papel vegetal y hornea durante 20 minutos.

6. Saca las galletas y deja que se templen un poco antes de comerlas.

★ ★ ★ Mi consejo ★ ★ ★

Para hacer la compota de manzana solo tienes que pelar unas 6 manzanas, trocearlas y ponerlas en un cazo con un pelín de agua, una rama de canela y unas gotas de zumo de limón. Tapa y déjala a fuego medio-suave unos 20 minutos, hasta que la manzana se ablande y puedas hacerla puré con un tenedor. Ponle un poco de miel si la quieres más dulce. Guarda las galletas en un tarro de cristal y te aguantarán varios días. Si quieres hacer más cantidad, ajusta los ingredientes. Para 30 galletas solo tienes que doblarlos.

Mousse de chocolate vegana

Si tienes 5 minutos, te sugiero que los dediques a preparar la mejor versión de mousse de chocolate saludable que has probado hasta la fecha.
No vas a dar crédito a la textura que tiene.

Tiempo: 5 min   Raciones: 4-6 tarritos

Ingredientes

- **100 gr de chocolate 85% (1 tableta).**
- **270 gr de tofu firme escurrido (1 paquete de 400 gr sin escurrir).**
- **1 cucharada de cacao en polvo sin azúcares añadidos.**
- **1 chorrito de leche de soja (4 cucharadas).**

Elaboración:

1. Trocea el chocolate y derrítelo al baño maría (pon un cazo con agua y encima un bol con el chocolate para que se derrita poco a poco). También puedes derretirlo en el microondas, calentándolo a intervalos de 30 segundos para que no se queme.

2. Trocea el tofu y ponlo en el vaso de la batidora. Tritura unos segundos.

3. Añade el chocolate derretido, el cacao en polvo y un chorrito de leche. Pon en marcha la batidora unos 30 segundos, hasta que quede todo bien integrado. El resultado será una mousse con textura bastante espumosa.

4. Reparte la mousse en tarritos y espolvorea un poco de cacao con un colador por encima de cada una. Sirve en el momento o guarda en la nevera.

★ ★ ★ **Mi consejo** ★ ★ ★
Ten en cuenta que cuanto más tiempo pase en la nevera, más se espesará y se endurecerá un poco, pero la textura sigue siendo muy buena.

Barritas de cereales saludables

¡El *snack* perfecto (y puede que mi preferido)! Me cuesta explicaros por aquí lo maravillosas y deliciosas que son estas barritas, así que mejor ¡pruébalas!

Tiempo: 30 minutos (10 de preparación y 20 de horneado).
Raciones: unas 10 – 12 barritas, depende del tamaño que las cortes.

Ingredientes

- 150 gr de copos de avena (gruesos o suaves).
- 40 gr de centeno inflado (puede ser también arroz integral inflado).
- 40 gr de mantequilla de cacahuete (puede ser cualquier mantequilla de fruto seco, como almendras o avellanas).
- 3 cucharadas de aceite de coco (derretido).
- 3 cucharadas de sirope de agave o miel.
- 30 gr de pasas o arándanos secos.
- 40 gr de coco rallado.
- 50 gr de almendras crudas.
- 1/2 cucharadita de canela.
- 1/3 cucharadita de jengibre en polvo.
- 1/3 cucharadita de cardamomo molido.
- 2 cucharadas de semillas de chía.

Elaboración:

1. Pon todos los ingredientes secos de las barritas en un bol grande y mézclalos bien.

2. Añade ahora los líquidos: el aceite de coco, el sirope de agave o miel y la mantequilla de cacahuete. Mezcla bien, incluso con las manos, hasta que quede todo impregnado (si ves que le hace falta un poco más de líquido, ponle una cucharada extra de aceite de coco y otra de sirope de agave).

3. Coloca la mezcla en un molde y aprieta bien con la espátula y la mano para que quede compacta. Esto es fundamental para que luego no se te deshaga al cortarla.

4. Mete el molde en el horno, que ya tienes caliente, unos 20 minutos, hasta que veas que está dorado, pero sin quemarse.

5. Sácalo del horno y espera a que se enfríe. Métalo en la nevera, mínimo 2 horas. Pasado el tiempo, corta las barritas con un cuchillo bien afilado.

Se conservan muy bien en la nevera en un tarro hermético durante bastantes días, aunque no creo que les vayas a dar una larga vida.

★ ★ ★ Mi consejo ★ ★ ★

No pasas nada si no le pones alguna de las especias o sustituyes unos frutos secos por otros. Te quedarán buenísimas con las modificaciones que quieras.

Crumble saludable de manzana y arándanos

Sin mantequilla, ni harina, ni azúcar, pero con toda la textura de un riquísimo crumble. Caliéntalo un poco antes de comerlo, ¡te va a encantar!

Tiempo: 30 min   Raciones: 6

Ingredientes

PARA EL RELLENO:

- **4 manzanas rojas.**
- **1 taza de arándanos congelados (unos 100 gr frescos).**
- **1 cucharadita de canela en polvo.**
- **1/4 de cucharadita de cardamomo molido.**
- **Zumo de 1 limón.**
- **1 cucharada sopera de miel o sirope de agave.**

PARA EL CRUMBLE:

- **60 gr de copos de avena suaves.**
- **100 gr de harina de avena (se hace en casa en unos segundos triturando la avena con la batidora y listo).**
- **1/2 cucharadita de canela molida.**
- **4 cucharadas de aceite de coco (derretido).**
- **3 cucharadas de miel o sirope de agave.**

Elaboración:

Precalienta el horno a 200° con calor arriba y abajo.

1. Pela las manzanas, quítales el corazón y pártelas en trozos irregulares más bien pequeños.

Pon las manzanas en un cazo al fuego junto con el zumo de limón, la canela, el cardamomo y la miel. Tapa y deja que se hagan a fuego medio durante unos 10 minutos, hasta que las manzanas empiecen a ablandarse, pero sin llegar a hacerse puré. Que sigan siendo trozos firmes.

2. Por otro lado, en un bol mezcla los ingredientes del crumble: los copos de avena con la harina de avena, la canela, la miel o sirope de agave y el aceite de coco derretido. Mezcla bien con la ayuda de las manos hasta que se forme una «arenilla». Reserva.

3. Retira las manzanas del fuego y añádeles ahora la taza de arándanos frescos o congelados. Mezcla bien.

4. Vierte la mezcla de manzana en la fuente en la que vayas a servir tu crumble y que sea apta para horno. Reparte por encima la mezcla del crumble y, si quieres, coloca unos arándanos por encima para que quede más bonito. Mete al horno, previamente calentado a 200°, durante 10 minutos, hasta que veas que se dora la parte de arriba. Entonces, estará listo.

★ ★ ★ **Mi consejo** ★ ★ ★

Sirve el crumble caliente o templado. Estará muy rico acompañado por una bola de helado de fruta «nicecream» (más adelante tienes la receta) y, si te apetece un último toque, espolvorea coco rallado por encima.

Pancakes o tortitas de avena fáciles

Aquí va una versión healthy de las típicas tortitas americanas. Son como unas crepes, pero más gruesas, y están divinas acompañadas de fruta, de mermelada saludable, de queso fresco batido, de un poco de miel, de mantequilla de cacahuete, de crema de cacao….

Tiempo: 15 minutos   Raciones: 6 tortitas o pancakes

Ingredientes

PARA LOS PANCAKES:

- **150 gr de copos de avena suaves.**
- **200 ml de leche (vegetal o animal).**
- **2 cucharadas de AOVE (aceite de oliva virgen extra).**
- **1/2 cucharadita de levadura.**
- **1/2 cucharadita de esencia de vainilla.**
- **1 huevo.**
- **Una pizca de sal.**
- **Y un poco de aceite de coco o de oliva para hacer los pancakes en la sartén.**

TOPPINGS:

- **Queso fresco batido, pistachos y fresas**.

Elaboración:

1. Pon todos los ingredientes de los pancakes en el vaso de la batidora y tritura unos segundos hasta que quede una masa homogénea.

2. Calienta una sartén pequeña con unas gotas de aceite de coco o de oliva. Mueve para que impregne toda la superficie de la sartén. Vierte un poco de la masa con un cazo y haz movimientos circulares para que se expanda. Deja que se haga unos segundos y, cuando veas que empiezan a salir burbujitas, dale la vuelta y hazla por el otro lado. Repite la operación hasta que se te acabe la masa.

3. Coloca las tortitas formando una torre y sirve acompañadas de fruta, frutos secos, un poco de yogur griego o de queso fresco batido. También puedes intercalar algo de fruta entre cada tortita.

★ ★ ★ **Mi consejo** ★ ★ ★
Prueba a hacer los pancakes con harina de trigo sarraceno, solo tienes que triturarlo hasta convertirlo en harina. ¡Quedan genial!

AND

Nicecreams o la revolución de los helados saludables: frutos rojos y plátano/mango

Desde este mismo instante tus veranos ya no volverán a ser los mismos, iserán mucho mejores! Pero... ¿por qué he dicho veranos? ¡Si los puedes comer durante todo el año! Eso sí, para que este cambio sea posible, vas a necesitar una batidora bien potente, para que te quede un helado genial en menos de un minuto.
¡Bienvenido a la revolución «nicecream»!
Tiempo: 5 min (por exagerar)   Raciones: para 2 personas

Ingredientes

Nicecream de frutos rojos y plátano

• **3 plátanos congelados en rodajas.**
• **150 gr de mezcla de frutos rojos congelados (frambuesas, arándanos, moras, fresas, grosellas...).**

TOPPINGS:
• **Trocitos de fresa**

Nicecream de mango

• **300 gr de mango congelado.**

TOPPINGS:
• **Pepitas de chocolate y anacardos picados.**

Elaboración:

1. Pela y trocea la fruta elegida (si son frutos rojos no necesitarás hacerlo). Métela en bolsas o en un recipiente sin que te quede apretada. Que tenga espacio para congelarse tranquilamente sin espachurrarse y que no se haga una pelota. Guarda las bolsas en el congelador toda la noche.

2. Saca la fruta de tu nicecream del congelador, ponla directamente en la batidora y idale caña! En solo unos segundos tendrás tu helado preparado.

iSirve tus bolas de helado saludable y decora por encima con tus toppings preferidos!

★ ★ ★ **Mi consejo** ★ ★ ★
Si quieres que te quede más blando el helado, déjalo un poco más de tiempo en la batidora. Si quieres endurecerlo, mételo unos minutos en el congelador. Una batidora potente es fundamental para hacer estos maravillosos helados; yo los hago con la Thermomix.

GRACIAS en mayúsculas por tener este libro
entre tus manos. Por haberme abierto la puerta de tu casa.
Gracias a los que día a día me seguís en redes sociales,
a los que hacéis mis recetas, me escribís mensajes...
gracias por vuestro cariño y por hacer esto posible.

Gracias a mi abuela Nieves por haberme hecho crecer
entre fogones y dejarme rebañar la bechamel con la mano.
Papá, mamá y Rafa, gracias por haber aguantado
la «sobredosis» de puré de calabaza en casa.

A mis amigas «ewoks», gracias por creer siempre en mí, por
vuestro apoyo incondicional, por estar siempre, y por ilusionaros
conmigo. ¡Nuestra amistad vale oro! Me encanta que me llaméis
«aove y cúrcuma» y que queráis crear mi «contra-blog».

Tere e Irene, @lasmariacocinillas y @come.vive.viaja, llegasteis
a mi vida para convertiros en dos pilares de ella. Qué suerte
tengo de teneros y de vivir esta aventura a vuestro lado.

Gracias a mi amiga Cris @tomilloypimenton, sintonizamos
desde el primer momento y esas risas a carcajadas que hacemos
no tienen precio. Gracias a ti y a tus hermanas por abrirme
las puertas de vuestro maravilloso campo, Jabalina Country
Tents (www.jabalina.es) para hacer mi sesión de fotos
para el libro. Creo que ese fue uno de los días en los que
más me he reído en los últimos tiempos.

Quiero dar unas gracias especiales a mi amigo y fotógrafo
Javier Gavill (@javier_gavill), gran profesional, responsable
de que yo tenga una portada tan preciosa y de todas las fotos
en las que aparezco en el interior de este libro.

Gracias Fer, por haberte comido todo el libro conmigo.

Y gracias a Isabel, mi editora, confiaste en mí cuando yo era
una pequeña mota en el mundo Instagram, me has visto crecer
durante todo este año. Nunca olvidaré ese email tuyo en el que
me proponías hacer un libro y esa primera llamada en la que nos
pasamos una hora hablando. Gracias, de verdad.

Te agradeceré infinito

que compartas tus fotos
en redes sociales con los hashtags
que te propongo en cada capítulo
del libro o con

#librohoycomemossano